San Fancisco

Manfred Braunger

Inhalt

Das Beste zu Beginn

Auf Entdeckerpfaden durch San Francisco

Ist San Francisco für Sie eine Premiere, sollten Sie unbedingt den 49 Mile Drive abfahren, der einen ersten Eindruck von der Lage und den tollen Sehenswürdigkeiten der Stadt gibt. Folgen Sie von der City Hall den blau-weißen Schildern mit einer weißen Möwe. Hin und wieder gerät die Rundfahrt zur Denkaufgabe, weil Wegweiser von Souvenirsammlern abmontiert wurden. Fahren Sie die Runde gegen den Uhrzeigersinn, um die Wegweiser leichter zu erkennen. In Downtown sind Sie stressfreier zu Fuß unterwegs.

Mein Lieblingsblick auf die Stadt

Auf diesem *Killer View Point* liegt Ihnen San Francisco zu Füßen. Mit 276 und 277 m sind die unverbauten Twin Peaks zwar bescheidene Hügel. Aber als Aussichtspunkte sind sie eigentlich unschlagbar, weil sie die Küstenmetropole fast in ihrer Gesamtheit zeigen – inklusive Pazifik, Bucht, Downtown-Skyline, Golden Gate-Brücke und Oakland Bay Bridge. Gegen Abend gibt die Stadt ein atemberaubendes Panorama ab. Die Parkplätze werden um diese Zeit aber rar.

Wolkenkratzer auf dem Schiffsfriedhof

Finanzdistrikt und Embarcadero sind der Bucht durch Aufschüttung abgerungen. Im neu gewonnenen Baugrund wurden Dutzende Schiffe begraben, mit denen nach der Entdeckung von Gold 1848 Glücksritter aus aller Welt im Hafen von San Francisco landeten. Manche hat man zerlegt, um daraus Baumaterial zu gewinnen.

Herzklopfen in San Francisco

Zahlreichen Besuchern ist schon das Herz in die Hose gerutscht auf der Fahrt über die berüchtigten steilen Straßen. Den Rekord hält nicht die Filbert Street zwischen Hyde und Leavenworth Street mit 31,5 %, sondern der kurze Abschnitt der Prentiss Street zwischen Chapman und Powhattan Street südlich vom Bernal Heights Park mit stolzen 37 %! Nur Hausdächer sind ein bisschen steiler.

Musik aus dem Meer

Das außergewöhnlichste Musikinstrument der Stadt ist die Wellenorgel nordöstlich vom Jachthafen im Stadtteil Marina am Ende eines schmalen Kais. Mit etwas Fantasie könnte man die aus Stein und Zement bestehende Anlage für eine seltsame Bunkeranlage halten, aus der 25 Orgelpfeifen wie U-Boot-Periskope herausragen. Wellen bzw. Gezeiten drücken Luft in das Orgelinnere, die dann hörbar durch die Pfeifen entweicht.

Wo Hauswände zu Gemälden werden

Bunter ist San Francisco nirgends: Ca. 600 Wandgemälde verteilen sich über den ganzen Mission District und verwandeln manche Straßenzüge in sehenswerte Open-Air-Galerien. Viele Murals vermitteln Botschaften mit sozialem oder politischem Inhalt, thematisieren den Alltag in lateinamerikanischen Städten oder kritisieren Unrecht und Unterdrückung.

Stadt mit Erfindergeist

San Francisco hat schon immer Erfindergeist bewiesen. Beispiele: Irish Coffee, Spielautomat, Musikbox, Martini-Cocktail, Eiscreme-Sandwich, chinesischer Glückskeks, das Wasserbett. Jeans erfand der bayerische Einwanderer Levi Strauss, der für die Goldsucher strapazierfähige Hosen produzierte. In den USA legte er sich einen neuen Vornamen zu. Ursprünglich hieß er Löb Strauss. Seltsame Vorstellung, heute in einem Geschäft eine Löb zu kaufen!

Falls Sie mir in der Stadt begegnen und eine Frage haben: Sie erkennen mich an an meinem suchenden Blick oder am Foto auf meiner persönlichen Website: http://www.manfred-braunger.de

Fragen? Erfahrungen? Ideen?

Ich freue mich auf Post.

Mein Postfach bei DuMont:
m.braunger@dumontreise.de

Das ist San Francisco

Kaliforniens Herzensbrecher und Besucherschwarm ist ein Phänomen, eine Metropole mit Suchtpotenzial. Zu Goldrauschzeiten Mitte des 19. Jh. ein verwahrloster, gesetzloser Sumpf gehört The City heute zu den Oscar-verdächtigen Metropolen der USA – weltoffen, fortschrittlich, öko, sexy, auf drei Seiten vom Meer umspült und für amerikanische Verhältnisse bemerkenswert liberal. Eine Ausnahmeerscheinung, nicht nur weil sich San Francisco hier und da immer noch in Patchouli-Duft hüllt und die erste Stadt auf US-Boden war, in der Marihuana teilweise legal und Wegwerf-tüten aus Plastik illegal waren.

Vom Hippie zum Startup-Gründer

»If You`re going to San Francisco be sure to wear some flowers in your hair« sang Scott McKenzie 1967 und machte den Millionenseller zur Hymne der Hippie-Kultur. Der Ratschlag für Blumenschmuck im Haar wirkt heute wie der Benimmtipp aus dem Repertoire einer Klosterschule. Längst ist San Francisco auf die High Tech-Überholspur abgebogen, seit Halbleiterrevolutionäre im Silicon Valley ihre Startups von Hinterhofga-ragen in prestigeträchtige Dotcom-Paläste verlegten und Zehntausende Programmierer tagtäglich zwischen ihren Wohnungen in der Stadt und ihrem Arbeitsplatz am Südende der Bucht hin und her pendeln.

Weltstadt aus vielen ›Dörfern‹

Warum San Francisco in der Besuchergunst einen so prominenten Platz einnimmt, ist nicht nur mit der faszinierenden Top-Lage am Goldenen Tor erklärbar. Jahrhundertelang blieb die schmale Passage zwischen Pazifik und Bucht wegen des häufigen Nebels von Seefahrern unentdeckt. Heute zählt die von der Golden Gate-Brücke überspannte Meerenge zu den geo-grafischen Pfunden, mit denen die Stadt wuchern kann. Hinzu kommt ein mitreißendes Mosaik aus unverwechselbaren, zum Teil sehr unterschiedli-chen Stadtteilen, von denen jeder eine andere Geschichte erzählt. In North Beach wehen einem die betörenden Küchennebel italienischer Restaurants um die Nase, wenn man sich nicht gerade in die gravitätische Enge eines Literatencafés verkrochen hat. Der Kontrast zum angrenzenden Finanzdis-trikt könnte größer gar nicht sein, wo die ›Manhattanisierung‹ die Stadt in den Himmel wachsen ließ und sich Wolkenkratzer um einen Platz an der Sonne streiten. Nob Hill aalt sich heute noch mit Luxushotels und viktori-anischen Schönheiten traditionsverliebt im High Society-Flair des 19. Jh. Am Fuß des Hügels hingegen füllen im Tenderloin District Straßenzüge mit vergitterten Schnapsläden und schäbigen Hausfassaden den Begriff ›unten‹ mit konkretem Inhalt.

Wo Amerika nur zu erahnen ist

In fremden Welten scheinen andere *neighborhoods* zu liegen. Zwischen Pagodentempeln, roten Lampiondekorationen, Schaufenstern voller lackierter Enten, Papierdrachenläden und okkult anmutenden Kräuteraus-

Nostalgie auf Rädern auf der Mason Street unweit von Fisherman's Wharf

lagen schlägt in Chinatown fernöstliche Exotik über einem zusammen.
Passend dazu trifft sich auf dem Portsmouth Square die asiatische Gemeinde morgens zum traditionellen Thai Chi, während sich ältere Männer im
Schatten der Bäume über ihren Brettspielen mit denksportlichen Übungen
bescheiden. Zwar hat sich in diesem Viertel längst das Touristengeschäft
breiter gemacht, als manchem lieb sein dürfte. Trotz allem Tand und Trödel
ist Chinatown mit seinen ungewohnten Farben, Formen und Gerüchen
aber eine sehenswerte Stadtoase geblieben.
Mit geradezu spärlichem US-amerikanischem Ambiente lockt Besucher
auch der Mission District. Hier wandert der Blick über Taqueria-, Quesa-
dilla- und Burrito-Angebote, über Werbeplakate von Minimärkten und
andere Beschilderungen – unübersehbar prägt die Latino-Kultur den Geist
des Viertels. Den historischen Kern bildet die 1776 gegründete Mission
Dolores, deren einige Jahre später erbaute Kirche sich ältestes Bauwerk der
Stadt und ältester Sakralbau Kaliforniens nennen darf.

Eine quirlige Metropole

San Francisco war schon immer ein Chamäleon und ist bis heute ein wan-
delbares Gemeinwesen geblieben. Kein Wunder, dass die Diva mit ihrem
unerschöpflichen Facettenreichtum bei Besuchern Entdeckerinstinkte weckt,
ob es sich um bauliche Preziosen, historische Reminiszenzen, Ausgehviertel
oder attraktive Aussichtspunkte handelt. Apropos Aussichtspunkte! Wollen
Sie per Kamera oder Smartphone einen Stadtbesuch eindrucksvoll doku-
mentieren, haben Sie die Qual der Wahl unter spektakulären *viewpoints* wie
dem Parkplatz am nördlichen Ende der Golden Gate Bridge, dem Coit Tower
in North Beach oder den Twin Peaks, um nur drei zu nennen. The City ist
eine moderne Metropole, in der Natur, Architektur, Kultur und historische
Zeugnisse ein wunderbares Amalgam bilden – Gelegenheiten *en masse* zum
Entdecken, Stöbern und Träumen. Superlative haben schon immer Neugier
befeuert. Amerikas Darling steht diesbezüglich in der ersten Reihe. So wie es
einer Traumstadt am Ende des Regenbogens gebührt.

San Francisco in Zahlen

2

große Profi-Sportteams besitzt die Stadt: die 49ers (Football) und die Giants (Baseball).

4

Dosen Bier müssen die Läufer beim eine Meile langen Beer Mile World Classic trinken, jede Viertelmeile eine.

4,5

m tief ist die San Francisco Bay durchschnittlich, kaum tiefer als ein Swimmingpool.

5

Jahre war der Gangster Al Capone auf der Gefängnisinsel Alcatraz eingesperrt.

6,9

auf der Richter-Skala war die Stärke des letzten großen Erdbebens am 17. Oktober 1989.

15

°C ist die Durchschnittstemperatur im Juli.

31,5

% Steigung hat die Filbert Street zwischen Leavenworth und Hyde St. – eine der steilsten Straßen der Stadt und der Welt!

35,6

% der Einwohner San Franciscos sind nicht in den USA geboren.

125

km^2 groß ist die Stadt. Das ist nur knapp ein Fünftel der Fläche Tokyos.

260

m hoch ist das höchste Gebäude San Franciscos, das Transamerica Building. Das übertrifft der Berliner Fernsehturm mit seinen 368 m locker.

14 000

viktorianische Anwesen gibt es
in der Stadt.

9 700 000

Fahrgäste befördern die Cable
Cars pro Jahr.

33 000

Hotelzimmer stehen Stadt-
besuchern zur Verfügung.

46 038

$ beträgt das jährliche
Pro-Kopf-Einkommen.

16 900 000

Besucher strömen pro Jahr nach
San Francisco.

500 000

$ kostete das Feuerwerk an-
lässlich des 50. Geburtstags der
Golden Gate Bridge 1987.

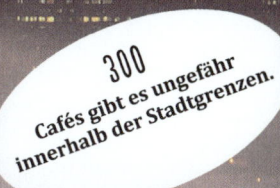

300
Cafés gibt es ungefähr
innerhalb der Stadtgrenzen.

852 469

Einwohner hat San Francisco.
Frankfurt kann da mit nur
knapp 717 000 nicht mithalten.

Was ist wo?

Im Unterschied zu anderen US-Metropolen fällt die Orientierung in San Francisco nicht schwer. Das liegt einmal am typischen Schachbrettmuster der meisten Straßen, zum anderen an der Kompaktheit des Stadtgebietes. Speziell in Downtown und der näheren Umgebung liegen die Stadtteile eng beieinander. Selbst zu Fuß kommen Sie auf einem Bummel in wenigen Minuten von einem Viertel zum anderen. Weiter entfernte Ziele erreichen Sie mit dem gut ausgebauten Nahverkehrssystem.

Downtown San Francisco
Das Stadtzentrum um den **Union Square** (🗺 Karte 2, K 4) kommt nie zur Ruhe – eilige Werktätige auf dem Weg zwischen Wohnung und Job, Shoppingfans beim Department-Store-Hopping, neugierige Stadtbesucher auf Plätzen und in Parks – das Menschengewusel erweist sich als besonders dicht um den **Wendepunkt der Cable Car-Linie** (🗺 Karte 2, K 4) an der Kreuzung von Market und Powell Street, nur wenige Schritte vom zentralen **Visitor Information Center** entfernt. Große Hotels, bekannte Einkaufstempel, Boutiquen für den besonderen Geschmack, schicke Cafés und Restaurants bilden einen harten Kontrast zum alten und teilweise heruntergekommenen **Tenderloin-Viertel,** das sich westlich an Downtown bis zum **Civic Center** mit dem prächtigen **Rathaus** (🗺 Karte 2, J 4/5) im Beaux-Arts-Stil anschließt. Weiter nördlich geht es bergauf zum Nobelviertel **Nob Hill** mit Luxushotels, der **Grace Cathedral** (🗺 Karte 2, J/K 3) und einigen sehenswerten Architekturbeispielen vom Ende des 19. Jh. **Chinatown** um die zentrale **Grant Avenue** (🗺 Karte 2, K 3) liegt vom Union Square nur Schritte entfernt und bildet doch sowohl optisch wie kulturell eine Lichtjahre entfernte exotische Oase. Auf dem Weg zum **Embarcadero** mit dem historischen **Ferry Building** (🗺 Karte 2, L 3) an der Bucht durchquert man den schmucklosen **Financial District** (🗺 Karte 2, K/L 3)

mit seinen unromantischen Straßenschluchten, der die Macht des Dollars mit in den Himmel wachsenden Beton- und Glasriesen demonstriert. Für Traumstadtkolorit und Cityflair bleibt im Schatten der Wolkenkratzer nur wenig Platz. Das Viertel **SoMa** (South of Market) in der Nachbarschaft kann man noch mit jenen Straßenzügen zu Downtown hinzu rechnen, in denen ein halbes Dutzend Museen, allen voran das Flaggschiff **Museum of Modern Art** (🗺 Karte 2, L 4), Bars, Clubs und Restaurants, das Konferenzzentrum **Moscone Center** und die **Yerba Buena Gardens** liegen.

Der Nordwesten
Das Stadtgebiet zwischen Chinatown, der Bucht und der Küstenlinie um Fisherman's Wharf bzw. Marina zählt zu den attraktiven Vorzeigevierteln der Stadt. In erster Linie gilt das für **North Beach** (🗺 Karte 2, K 2**)**, dessen zentrale Verkehrsarterie Columbus Avenue zu den wenigen, im Schachbrettmuster diagonal verlaufenden Hauptstraßen gehört. Italienisch geprägte Restaurants wechseln sich ab mit berühmten und weniger berühmten Cafés und Top-Delikatessenläden, sodass man im Reich der kulinarischen Reize fast die rekordverdächtig krumme **Lombard Street** (🗺 Karte 2, J 2) mit ihren steilen Serpentinen übersehen könnte. Nicht zu übersehen ist der Telegraph Hill mit dem Aussichtsturm **Coit Tower** (🗺 Karte 2, K 2), von dem aus der Panoramablick auf

große Teile der Innenstadt bis hinüber auf die Gefängnisinsel **Alcatraz** (📖 nördl. K 1) reicht. Die nördliche Wasserkante der Stadt um **Fisherman's Wharf** und **Pier 39** (📖 Karte 2, K 1) mit der berühmten **Seelöwenkolonie** platzt vor lauter Fressbudenzauber, Street Performer, schrägen Museen und Kitsch fast aus den Nähten. Lohnend ist in diesem Touristenzirkus der **Hyde Street Pier,** wo historische Schiffe im **Maritime National Historic Park** (📖 Karte 2, H/J 1) auf Dauer vor Anker gingen. Vom Pier sieht man in das westlich gelegene Szeneviertel **Marina** (📖 G 2) hinüber, wo sich Restaurants, Bars, Clubs und Boutiquen ein Rennen um die Gunst von Nachtschwärmern und Konsumenten liefern.

Zwischen Bucht und Pazifik
Flächenmäßig dominiert der **Presidio-National Park** den gesamten Nordwesten des Stadtgebietes. Wo 218 Jahre lang bei Bootcamp-Atmosphäre eiserne Disziplin und Waffendrill herrschten, entstand nach dem Abzug der Armee 1994 ein innerstädtisches Naherholungsgebiet mit Rad- und Wanderwegen. Zu den

Reminiszenzen an die Militär-Ära gehört mit **Fort Point** (📖 D 1) eine ehemalige Befestigungsanlage direkt an der Bucht, von der aus die **Golden Gate Bridge** so greifbar nahe liegt, dass sich die Stelle als Fotopunkt geradezu aufdrängt. Die Pazifikküste wird Richtung Süden von dramatischen Steilküsten und Stränden gesäumt, wie dem populären **Baker Beach** (📖 C 2/3), dem Lincoln Park mit dem Kunstmuseum **California Palace of the Legion of Honor** (📖 B 4) und dem **Cliff House** (📖 A 4/5) im äußersten Westen der Halbinsel. Von der Küste führt der lange, schmale **Golden Gate Park** Richtung Innenstadt. Vorbei an den **Twin Peaks** (📖 F 7/8), den zweithöchsten Erhebungen im Stadtgebiet, kommt man über das Castro-Viertel in den lateinamerikanisch geprägten **Mission District** mit der historischen **Mission Dolores** (📖 H 6). Mit plakativen Wandgemälden dekorierte Straßen, viktorianische Häuserzeilen aus dem 19. Jh. und ein bunter Mix aus Geschäften, internationalen Restaurants, Imbissständen und Kneipen machen den Stadtteil zu einem stimmungsvollen Hingucker.

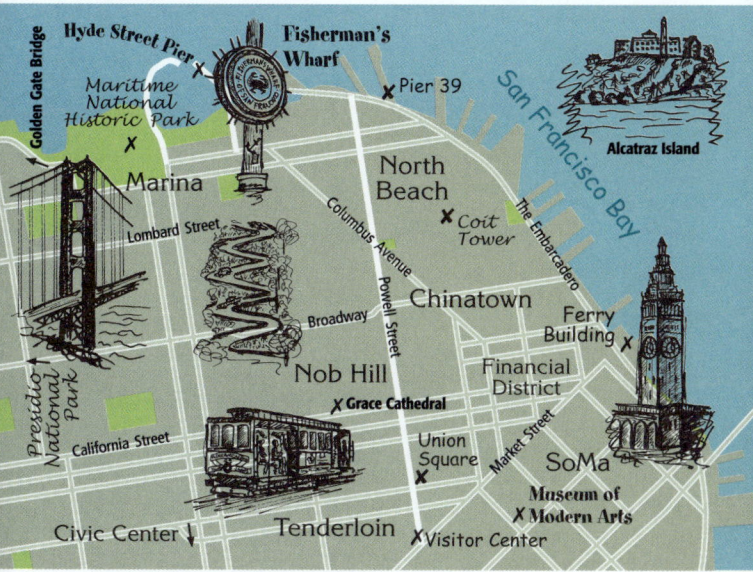

Gay Pride Parade

Seit 1972 feiern sich Schwule und Lesben bei der berühmten Parade selbst – der größte Event dieser Art in Kalifornien. An schrillbunten Farben und ausgeflippten Kostümen ist das meist auf der Market Street stattfindende Defilee der Unangepassten und Durchgeknallten nicht zu überbieten.

Oakland Bay Bridge

Von wegen nützliche Verkehrsverbindung! Nur Romantikmuffel denken beim Anblick der Oakland Bay Bridge im letzten Licht des Tages an ein Produkt moderner Technik. Für alle anderen erfüllt sich mit diesem zauberhaften Panorama der Skyline von San Francisco ein kalifornischer Reisetraum.

Wandmalereien

Drachenmonster, Fabelwesen, putzige Ungeheuer. Das macht den Unterschied. In Chinatown wie im übrigen San Francisco dekorieren Künstler, die etwas mitzuteilen haben, öffentliche Mauern und Wände. Talentfreie Graffitistümper, die über hirnlose Schmierereien nicht hinaus kommen, sind in der Minderheit. Glücklicherweise.

Ihr San Francisco-Kompass

#2
Rendezvous mit
Richard Serra –
South of Market

#3
Wo Dollartürme am
Himmel kratzen –
Finanzdistrikt

MUSEAL, ABER NICHT VERSTAUBT

DER MENSCH SO KLEIN, DAS HAUS SO GROSS

#1
Am Pulsschlag
einer Primadonna –
Union Square

CITY-FLAIR AM UNION SQUARE

WOMIT FANGE ICH AN?

3

2

1

15

#15
Maler machen Haus-
wände glücklich –
Mission District

WAS WOLLEN UNS DIE MURALS SAGEN?

14

13

12

So viel Mutter
Natur in der
Stadt ...

STRAND UND MEER UND KLEINE GRÜNE FLUCHTEN

#14
Shakespeare hätte
seinen Spaß gehabt –
Golden Gate Park

RAUF AUF DIE BRÜCKE!

#13
Aufgeknüpfter
Superstar –
Golden Gate Bridge

#12
Früher Bootcamp,
heute Outdoor-Oase –
Presidio

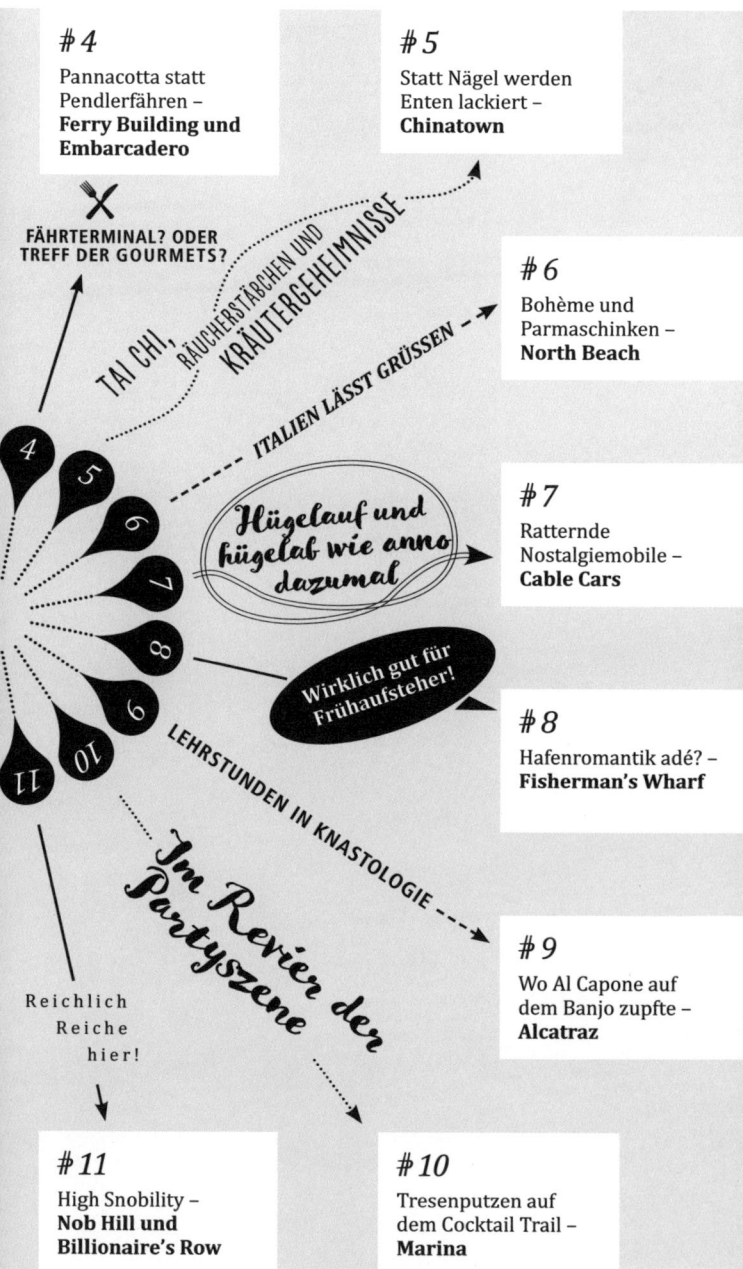

#4
Pannacotta statt
Pendlerfähren –
**Ferry Building und
Embarcadero**

#5
Statt Nägel werden
Enten lackiert –
Chinatown

FÄHRTERMINAL? ODER
TREFF DER GOURMETS?

TAI CHI, RÄUCHERSTÄBCHEN UND KRÄUTERGEHEIMNISSE

#6
Bohème und
Parmaschinken –
North Beach

ITALIEN LÄSST GRÜSSEN

#7
Ratternde
Nostalgiemobile –
Cable Cars

Hügelauf und
hügelab wie anno
dazumal

Wirklich gut für
Frühaufsteher!

#8
Hafenromantik adé? –
Fisherman's Wharf

LEHRSTUNDEN IN KNASTOLOGIE

Im Revier der
Partyszene

#9
Wo Al Capone auf
dem Banjo zupfte –
Alcatraz

Reichlich
Reiche
hier!

#11
High Snobility –
**Nob Hill und
Billionaire's Row**

#10
Tresenputzen auf
dem Cocktail Trail –
Marina

1

Am Pulsschlag einer Primadonna – **Union Square**

Erste Kontaktaufnahme mit einer Weltstadt? Versuchen Sie es mit dem Union Square mitten im hektischen Großstadtbetrieb, wo Pflastertreter die Beine hochlegen, Fremde miteinander ins Gespräch kommen und People Watching zum urbanen Abenteuer wird.

Das städtische Herz am richtigen Fleck: der Union Square

Am Anfang lag hier eine 20 m hohe Düne mit dem Namen O'Farrell's Mountain. Das war bevor der Goldrausch Kalifornien 1848 umzukrempeln begann. Danach dauerte es ein halbes Jahrhundert, ehe an Ort und Stelle 1896 mit City of Paris das erste Kaufhaus eröffnete. Damals trug der ehemalige Sandhaufen bereits den Namen Union Square, weil dort zu Beginn des amerikanischen Bürgerkriegs häufig Kundgebungen zugunsten der Unionsarmee der Nordstaaten stattgefunden hatten. Längst ist der Platz zum Times Square von San Francisco avanciert, zum glitzernden Knotenpunkt der Metropole, umgeben von Hotels, schicken Boutiquen, Galerien und allem, was das Zentrum einer Weltstadt ausmacht.

Ein Zentrum im Zentrum

Der betonierte Platz mit abgezirkelten Grünflächen, Bäumen und dekorativen Palmen gibt sich bescheiden. Keine richtige Schönheit, eher ein zwischen grauen Beton- und Glasfassaden versunkenes praktisches Rechteck, auf dem Sie die Chance haben, umtost vom hektischen City-Betrieb das faszinierende Flair der Bay-Metropole zu schnuppern.

Unübersehbares Wahrzeichen des Platzes ist das **Dewey Monument** 1, eine 30 m hohe korinthische Säule, auf deren Spitze die Siegesgöttin Viktoria balanciert. Für die bronzene Frauenskulptur stand dem Bildhauer Robert Aitken mit Alma de Bretteville eine schillernde Gestalt der städtischen High Society Modell, die durch die Heirat mit dem Zuckerbaron Spreckels zu Geld und Geltung gekommen war. Kein Geringerer als US-Präsident Roosevelt weihte die Siegessäule am 14. Mai 1903 ein, zur Erinnerung an den Sieg der US-Flotte unter Admiral George Dewey über die Spanier in der philippinischen Manila Bay während des Spanisch-Amerikanischen Kriegs 1898. San Francisco spielte in diesem Krieg eine wichtige Rolle als Verladehafen für Invasionstruppen.

Auszeit

Sollten Sie sich auf dem Union Square mit einer heißen Schokolade, einem Donut oder einem Sandwich für weitere Stadterkundungen stärken wollen, setzen Sie sich am besten vor eines der beiden Cafés **Emporio Rulli** 1 oder **Bancarella** 2. Passen Sie auf Ihre süßen oder salzigen Snacks auf – unter den Tauben befinden

Wie der Union Square vor über einem halben Jahrhundert aussah, zeigen Alfred Hitchcocks Thriller »Vertigo« und der Klassiker »Die Vögel«. Francis Ford Coppola wählte das Stadtzentrum 1974 für die Eröffnungssequenz seines Spielfilms »Der Dialog«. Der Überwachungsexperte Harry Caul alias Gene Hackman hört darin auf dem Platz mit seinem Team ein junges Paar ab.

INFOS/ÖFFNUNGSZEITEN
TIX Bay Area : 350 Powell St.
T 1-415-433-7827 www.tixbayarea.
com, So–Do 9–17, Fr/Sa 9–18 Uhr
Man kann Tickets auch über die
Internetseite kaufen.

MIT TRENCHCOAT UND SCHLAPPHUT
Flood Building : 870 Market St.
www.floodbuilding.com.
Hotel Union Square :
114 Powell St., T 1-415-397-3000,
http://hotelunionsquare.com.

Krimifans müssen in der Dashiell Hammett Suite mindestens 250 $ pro Nacht
berappen.

EINE STÄRKUNG ZWISCHENDURCH
Fürs *people watching* eignet sich das
Café Emporio Rulli bestens
(225 Stockton St., T 1-415-433-1122,
www.rulli.com, tgl. 8–19 Uhr).
Alternativ können Sie sich auch
vor dem **Café Bancarella** an
einem der Tische in die Sonne
setzen (350 Powell St., T 1-415-
924-7478, www.rulli.com,
tgl. 9–19 Uhr).
Wenn Sie den Spuren des Krimi-
autors Dashiell Hammett und
seines Privatermittlers Sam Spade
folgen wollen, kehren Sie im
Restaurant **John's Grill** ein
(63 Ellis St., T 1-415-968-3274,
http://johnsgrill.com, Mo–Sa 11–22,
So 12–22 Uhr).

WELTWEIT VERNETZT
Kostenloses WLAN haben Sie etwa
im Café Emporio Rulli, im Buchge-
schäft Borders Books & Music an der
nordwestlichen Ecke des Union
Square (400 Post St., www.borders.
com) und im Starbucks Café (462
Powell St.).

Cityplan: Karte 2, K 3/4 | **BART** alle Linien, **Cable Car** Powell-Hyde-Linie

sich ausgekochte Mundräuber. Wenn Sie Glück
haben, findet auf dem Platz ein Konzert, eine
Kunstausstellung oder ein sonstiges Event statt.
Apropos Konzert: Am Kiosk **TIX Bay Area** bekommen Sie Eintrittskarten für Veranstaltungen
am selben Tag, und zwar zum halben Preis.

Literarische Reminiszenzen

Im 1904 erbauten **Flood Building** waren die
Mitarbeiter der berühmten Detektivagentur Pin-
kerton mit den Schattenseiten der Gesellschaft
beschäftigt. Seit Anfang der 1920er-Jahre war
unter ihnen ein gewisser Dashiell Hammett,

der schon kurze Zeit später sein Heil in einer anderen Art von Verbrecherjagd zu suchen begann: der Kriminalschriftstellerei. Seine Privatdetektive Sam Spade und Miles Archer ließ er im zwielichtigen Sumpf der wilden 1920er-Jahre ermitteln. Im Roman »Der Malteserfalke« schildert er in einer Szene, wie sich Sam Spade im Restaurant **John's Grill** ❸ Lammkoteletts mit Bratkartoffeln und geschnittenen Tomaten servieren lässt. Noch heute steht das Gericht für 28,95 $ auf der Speisekarte, also für mehr als die Hälfte dessen, was Hammett monatlich für sein möbliertes Apartment in der Eddy Street Nr. 620 bezahlte. Im ersten Obergeschoss des Restaurants machen Fotos aus dem 1941 verfilmten Romanklassiker das Lokal zum Hammett-Museum.

John's Grill: Hier tankte Dashiell Hammett neue Energie für seine Krimis. Falls ihm Zeit dazu blieb, während er im zwielichtigen Großstadtsumpf in einem neuen Fall ermittelte.

Ein anderer ›Tatort‹

Auch das **Hotel Union Square** ❹ erinnert an den Schriftsteller, der sich dort zu Schäferstündchen mit seiner Geliebten Lillian Florence traf. Mit gediegenem Komfort, burgunderroten Polstermöbeln, grauem Fußboden mit Streifenmuster, einer alten Schreibmaschine und einem Reisekoffer voller Krimis präsentiert sich auf der 5. Etage die Dashiell Hammett Suite. In eines der Fenster ist der Schriftzug »SPADE AND ARCHER« graviert. Natürlich fehlt auch die Skulptur eines Greifvogels nicht, um die sich die spannende Geschichte des Romans »Der Malteserfalke« dreht.

→ UM DIE ECKE

Das **Westin St. Francis Hotel** ❺ hält an einer einmaligen Tradition fest. Seit 1938 werden Münzen, die in den hauseigenen Kassen landen, gewaschen. Der Grund: Früher pflegten die Damen der Schickeria-Szene im Mural Room, der heutigen Lobby, montags ihr Lunch einzunehmen. Als der General Manager bemerkte, dass die häufig dreckigen Geldstücke beim Bezahlen die weißen Handschuhe der feinen Ladies beschmutzten, kam er auf die Idee, das Hartgeld reinigen zu lassen. Die Technik hat sich seit damals nicht geändert, die Waschutensilien auch nicht: Wasser, Vogelschrot (zwecks Grobreinigung) und Seife.

Im Flood Building, Zimmer Nr. 314, arbeitete Dashiell Hammett für die Pinkerton-Detektei an der Aufklärung von Verbrechen.

Rendezvous mit Richard Serra – **South of Market**

Im Stadtteil South of Market (SoMa) können Sie in Kunst und Kultur geradezu baden. Jede Wette, dass Sie auf dieser ›Schatzinsel‹ mit einem halben Dutzend Museen etwas Passendes für Ihren Geschmack finden. Mit der einen oder anderen architektonischen Überraschung können Sie auch rechnen.

Nicht nur im Inneren präsentiert das Museum of Modern Art sehenswerte Kunst. Das Gebäude selbst ist mit seiner coolen Architektur, die sich in einem Pool der benachbarten Yerba Buena Gardens spiegelt, eine außergewöhnliche Schöpfung.

An Hauptbesuchstagen stehen sich die meisten Leute vor dem **Museum of Modern Art (MoMA)** 1 die Beine in den Bauch. Aus zwei Gründen: Erstens ist das MoMa das Flaggschiff der Museumsszene in diesem Stadtteil. Zweitens machte eine über dreijährige Erweiterung den Komplex zum größten Museum für zeitgenössische Kunst auf amerikanischem Boden. Auf der zusätzlichen Ausstellungsfläche werden Hunderte wertvoller

Leihgaben gezeigt. Das neue MoMa legt aber nicht nur Wert auf Quantität, sondern auch auf Qualität. Das zeigt der alte, vom Architekten Mario Botta entworfene Gebäudeteil, den Sie durch den Eingang an der Third Street betreten. Andächtig schreiten Sie über grau-schwarz gestreiften Marmorboden, in dem Sie sich spiegeln, sodass Sie sich hier ohne Weiteres schminken oder rasieren könnten. Im Atrium zieht es Ihren Blick auf magische Weise nach oben zu einem zylindrischen Dachfenster, das von vier schlanken Säulen gestützt wird und Helligkeit in die Lobby leitet. Eine packende Ouvertüre.

Das MOMA macht den Ausflug in die Welt der Bilder und Skulpturen zu einem spannenden Abenteuer.

THINK BIG!

Zu den neuen Errungenschaften gehört ein Werk des bekannten Sohnes der Stadt, Richard Serra. In zwölf gebogenen, 4 m hohen Stahlplatten kam die 214 Tonnen schwere Monumentalskulptur »Sequence« per Tieflader in San Francisco an, zum Entladen mussten in der Howard Street vier Tage lang zwei Fahrspuren gesperrt werden. Fünf Jahre wird das gigantische, wegen der rostigen Oberfläche bernsteinfarbene Objekt im neuen Teil des MoMa zu sehen sein. Flaniert man durch das Labyrinth aus Stahlbändern, wird einem geradezu schwindlig angesichts der Schwere der Skulptur einerseits und ihrer Leichtigkeit andererseits. Und nach den fünf Jahren Stippvisite in der Bay-Metropole? Den Ausstellungsraum statteten die Planer eigens mit einer herausnehmbaren Glasfront aus, damit Serras Kunstkoloss die Weiterreise ohne Umbauten antreten kann. Bei der Fertigung von »Sequence« war übrigens deutsches Know-How gefragt. Die millimetergenau gegossenen Stahlplatten wurden von einer Firma in Siegen hergestellt.

Falls Sie nach dem Besuch des MoMa ein halbes Stündchen zum Verschnaufen brauchen, wären die gleich gegenüber liegenden **Yerba Buena Gardens** **2** das richtige Kontrastprogramm, mit dem Martin Luther King Jr. Memorial inklusive Wasserfall, kleinen Gärten mit Pflanzen aus San Franciscos 13 Partnerstädten und einem Kinderspielplatz mit einem historischen Karussell. Auch in dieser Parkanlage müssen Sie auf Kunst nicht ganz verzichten, weil mehrere Installationen über das Terrain verteilt sind. Außerdem ist das **Yerba Buena**

Lagerhallen, Hafen- und Industrieanlagen, öde Parkplätze, heruntergekommene Hinterhöfe. Erst während des Internet-Booms in den 1990er-Jahren bekam der Stadtteil South of Market nach und nach sein neues Gesicht. Durch Museen, Einkaufsmöglichkeiten, Restaurants und schicke Lofts erfuhr SoMa im Laufe der Zeit eine Aufwertung, die durch die geplatzte Dot-Com-Blase zwar eine Delle erhielt, bis heute aber voranschreitet. Viel Altes ging in diesem Prozess verloren, doch die Bewohner schätzen die verbesserte Lebensqualität.

Cityplan: Karte 2, K/L 4 | **BART** alle Linien, **Cable Car** Powell-Hyde-Linie, F-Linie

INFOS/ÖFFNUNGSZEITEN

Museum of Modern Art [1]:
151 3rd St., T 1-415-357-4000,
www.sfmoma.org, tgl. 10–17, Do bis 19
Uhr, 25 $, unter 18 J. frei.

Yerba Buena Center for the Arts [3]:
701 Mission St., T 1-415-978-2700,
www.ybca.org, tgl. außer Mo 12–18
Uhr, 8 $, Senioren 6 $.

Museum of the African Diaspora [4]:
685 Mission St., T 1-415-358-7253,
www.moadsf.org, Mi–Sa 11–18, So
12–17 Uhr, 10 $, Senioren ab 65 J. 5 $.

Contemporary Jewish Museum [5]:
736 Mission St., T 1-415-655-7800,
www.thecjm.org, tgl. außer Mi
11–17 Uhr, 12 $, Senioren ab
65 J. 10 $.

**International Art Museum of
America** [6]: 1025 Market St., T 1-415-
376-6344, www.iamasf.org, Di–So
10–17 Uhr, Eintritt frei.

Children's Creativity Museum [7]:
221 4th St., T 1-415-820-3320, http://
creativity.org, Mi–So 10–16.30 Uhr, 12 $,
Kinder unter 2 J. Eintritt frei.

KULINARISCHES FÜR ZWISCHENDURCH

Cake Gallery [1]: 290 9th St., T 1-415-
861-2253, www.thecakegallerysf.com,
Mo–Sa 9–18 Uhr.

Center for the Arts [3] mit seinen Ausstellungen
und Theaterevents nur ein paar Schritte entfernt.

Formen und Ansichten

Wie sich die Kulturen Afrikas über die Erde aus-
breiteten, thematisiert das **Museum of the African
Diaspora** [4] mit Multimediainstallationen, Compu-
tern, Fotos und Kunstwerken. Ein gerade für die
USA wichtiger Komplex ist dabei der transatlanti-
sche Sklavenhandel, in dessen Folge ca. 20 Mio.
Afrikaner in die Neue Welt deportiert wurden.
Gibt sich dieses dreigeschossige Museum mit einer

Neu peppt Alt auf. Architekt Libeskind zeigte am Beispiel des Contemporary Jewish Museum, wie das geht. Er machte ein ausgedientes Umspannwerk mit Hilfe von futuristischen Formen fit für die moderne Zeit.

unspektakulären Glasfassade zufrieden, hinter der das überdimensionale, aus über 2000 einzelnen Fotos zusammengesetzte Gesicht eines kleinen Mädchens sichtbar ist, klotzt das **Contemporary Jewish Museum** 5 mit einem kribbelnden Design. Das liegt nicht daran, dass es sich bei dem Gebäudekomplex um ein ehemaliges Umspannwerk handelt. Für architektonische Hochspannung sorgt der ziemlich ausgeflippte Um- und Neubau nach Entwürfen des Stararchitekten Daniel Libeskind, den Kritiker auch den ›Mann der schiefen Häuser‹ nennen. Er ließ unregelmäßige, blau schimmernde Kristalle und spitzwinklige Prismen aus dem Boden wachsen, in denen sich Ausstellungen und Präsentationen mit dem jüdischen Leben in den USA beschäftigen.

Interessieren Sie sich für traditionelle und moderne chinesische Tuschezeichnungen und Kalligrafien, sollten Sie sich Zeit für einen Gang durch die Sammlungen im **International Art Museum of America** 6 nehmen. Sie stammen u. a. von Künstlern, die ihrer Heimat im Zuge von Maos Kulturrevolution zwischen 1966 und 1976 den Rücken kehrten.

Lassen Sie sich von der unscheinbaren Ladenfront der **Cake Gallery** 1 nicht irreführen. In der Konditorei sind Designer und Dekorateure am Werk, die aus Kuchen wahre Kunstwerke fabrizieren, wie Comicfiguren, Dollarnoten, Kuscheltiere oder Stadtansichten. Oder nicht ganz jugendfreie erotische Erwachsenentorten.

→ **UM DIE ECKE**

Falls Sie mit Kindern unterwegs sind: Ihrer Fantasie können die Kleinen im **Children's Creativity Museum** 7 freien Lauf lassen, ob beim Basteln von Knetfiguren, beim Komponieren eigener Musikstücke oder beim Programmieren von Computerfiguren. Dem Vergnügen dient ein über 100 Jahre altes Oldtimer-Karussell.

3

Wo Dollartürme am Himmel kratzen –
Finanzdistrikt

Als Wolkenkratzerfan kommen Sie in den nüchternen Straßenschluchten um die östliche Market Street garantiert auf Ihre Kosten. In diesem Viertel recken sich einige der höchsten Stahlbetontongiganten der Stadt in den Himmel. Zu den touristischen Hotspots gehört der Finanzdistrikt nicht, zu den Zeugnissen für San Franciscos Dynamik und Wirtschaftskraft schon.

Im Korb eines Heißluftballons oder an Bord einer bemannten Drohne hätten Sie diesen berückenden Blick auf die Traumstadt am Golden Gate.

Zauber einer Weltmetropole? Im Finanzdistrikt stehen eher zu viele gigantische Sonnenräuber und Schattenspender aus Stahlbeton, zu viele uniforme Straßenschluchten zersäbeln die Stadt-

landschaft, es herrscht zu intensive Geschäftsmä-
ßigkeit. Was nicht heißen soll, dass sich ein Gang
durch die ›Wall Street des Westens‹ nicht lohnt.
Den Beinamen trägt die zentrale Montgomery
Street wegen ihrer Dichte an Anwaltskanzleien,
Unternehmenssitzen, einbruchsicheren Tresoren,
Überwachungsanlagen, Banken und Finanzinsti-
tuten.

Auf schwankendem Boden

Apropos Geldtürme! Hauptsächlich in den
1960er- und 1970er-Jahren regte sich in
der Bay-Metropole Widerstand gegen die
›Manhattanisierung‹ im Stil von New York, gegen das rasante vertikale Wachstum der City,
unter anderem wegen der Risiken. Denn die
Bay-Metropole hat mit Tokio und Istanbul eines
gemeinsam: Sie steht auf einer brandgefährli-
chen Verwerfungszone, wie 1906 und 1989
zwei verheerende Großbeben bewiesen. Seis-
mologen prophezeien, ein erneutes ›Big One‹
sei überfällig. Dass trotz aller auf der Hand
liegenden Gefahren seit Jahrzehnten munter
in den Himmel gebaut wird, hat nicht nur mit
dem Prinzip Hoffnung, sondern auch mit dem
technischen Erfindergeist von Architekten und
Statikern zu tun. Der magische Slogan heißt
›erdbebensicheres Bauen‹.

Urbanes Ausrufezeichen

An unverkennbaren Wahrzeichen besteht in San
Francisco kein Mangel. Neben der Golden Gate
Bridge und den Cable Cars gehört das grauweiße
Transamerica Building `1` dazu, ein futuristischer,
aus dem Häusermeer ragender ›Leuchtturm‹, der
die Skyline der Stadt wie nichts anderes prägt.
Die gertenschlanke 260 m hohe Pyramide aus
dem Jahr 1972 hätte eigentlich 350 m hoch
werden sollen. Dagegen liefen aber ganze Völ-
kerscharen Sturm. Stellen Sie sich direkt vor das
Gebäude und lassen den Blick bis zur 64 m hohen, mit Aluminium verkleideten Spitze wandern,
tut Ihnen nach einer Weile nicht nur der Nacken
weh, sondern Ihnen wird angesichts der schieren
Betonmasse ziemlich blümerant. Erbsenzähler
wissen, dass die Pyramide mit 3678 Fenstern ausgestattet ist, die größtenteils von innen gereinigt
werden können.

L
LIEBLINGE

Dass den Menschen in
San Francisco das Herz
an der richtigen Stelle
schlägt, beweist eine an
der Transamerica Pyramid
angebrachte bronzene
Gedenkplakette `2`.
Gewidmet ist sie Bummer
und Lazarus, zwei her-
renlosen Straßenhunden,
die in den 1860er-Jahren
als versierte Rattenjäger
zu Publikumslieblingen
wurden. Bummer pflegte
mit Lazarus eine innige
Freundschaft. Die örtliche
Presse wurde auf das Duo
aufmerksam, worauf sich
wahre und erfundene
Geschichten um die bei-
den zu ranken begannen.
Als Lazarus von einem
Hundefänger dingfest
gemacht wurde, setzte
sich die Öffentlichkeit
erfolgreich für seine
Freilassung ein. Nach
ihrem Tod überlebten die
ausgestopften Vierbeiner
als museale Ausstellungs-
stücke.

Technik gegen Erdbeben

Als 1989 das Loma Prieta-Erdbeben mit einer Stärke von 7,1 die Stadt erzittern ließ, schwankte die Spitze des Wolkenkratzers eine Minute lang 30 cm hin und her. Dass keine Schäden entstanden, verdankte das Gebäude seinem 16 m tiefen Fundament aus Stahl und Beton, das so gebaut wurde, dass es sich bei Erdbeben mit der Pyramide bewegt.

Früher hätten Sie sich per Aufzug noch auf eine Aussichtsplattform beamen lassen können. Aus Angst vor Terrorangriffen wurde diese

INFOS/ÖFFNUNGSZEITEN

Transamerica Building 1 : 600-634 Montgomery St., T 1-415-500-6637, www.pyramidcenter.com/point-of-interest, Visitor Center: Mo–Fr 10–15 Uhr. Vier Kameras übertragen den Panoramablick von der Pyramidenspitze auf Monitore.

STANDORTE UND ADRESSEN

555 California Street 3 : 555 California St.
345 California Center 4 : 345 California St.

Pacific Exchange 5 : 301 Pine St.
Old Saint Mary's Cathedral 6 : 660 California St. www.oldsaintmarys. org.

GÜNSTIG UND LECKER

Sogar mitten im Dollarmekka bekommt man im **Miss Tomato Sandwich Shop** 1 ab 6 \$ ein ordentlich belegtes Sandwich (388 Market St., http://misstomatosandwich shop388.eat24hour.com, Mo–Fr 8.30–15.30 Uhr).

Cityplan: Karte 2, K/L 3 | **BART** alle Linien, **Cable Car** California-Linie, E- und F-Linie

Attraktion aber schon vor Jahren geschlossen. Nebenan können Sie in einer kleinen Parkanlage zwischen Springbrunnen und Redwood-Bäumen ausruhen.

Städtische Gipfelstürmer

Ebenfalls ein Gigant unter den Wolkenkratzern ist der Büroturm **555 California Street** 3 mit 52 Stockwerken und 237 m Höhe. Bis zur Fertigstellung der Pyramide war dieser rotbraune Granitriese das höchste Bauwerk westlich des Mississippi. Wenn Sie ihn im Hochhauskern nicht sofort entdecken, halten Sie nach einem Kunstwerk aus 200 Tonnen schwedischem Granit Ausschau, das der japanische Künstler Masayuki Nagare vor dem Gebäude platzierte. Offiziell heißt das glatt polierte Werk »Transcendence«. Aber die erfinderische Öffentlichkeit hatte für den kalten, schwarzen Riesenbrocken schnell einen ›Kosenamen‹ parat: Banker's Heart.

Falls Sie nicht unter Höhenangst leiden, kommen Sie in den Hotelzimmern im Wolkenkratzer 345 California Center komfortabel unter. Der unverstellte Blick über Stadt und Bucht ist garantiert.

Exakt 16 m niedriger und 17 Jahre jünger ist das **345 California Center** 4. Es besteht aus zwei verwinkelt zueinander stehenden Granittürmen, die im oberen Teil durch verglaste Brücken miteinander verbunden sind. Von den obersten elf Etagen können Gäste des Loews Regency San Francisco Hotels die atemberaubende Aussicht auf die Stadt, die Gefängnisinsel Alcatraz und die Bucht genießen.

→ UM DIE ECKE

Der Finanzdistrikt punktet nicht nur mit Höhen-, sondern auch mit Altersrekorden. Hinter der klassizistischen Säulenfassade der **Pacific Exchange** 5 aus dem Jahr 1915 transpirierten früher Börsenspekulanten bei fallenden Kursen. Heute schwitzen im Equinox Fitness Center sportliche Kunden auf Laufbändern und Crosstrainern. Noch aus der Goldrauschzeit stammt die 1854 erbaute römisch-katholische **Old Saint Mary's Cathedral** 6, die das Erdbeben von 1906 zwar überlebte, aber die durch Großbrände entstandene Hitze war so gewaltig, dass die Kirchenglocken und der Altar schmolzen. Die Ziegel der Kirche wurden aus Neuengland auf einer langen Schiffsreise um Kap Horn nach San Francisco gebracht – nicht als Baumaterial, sondern als Schiffsballast.

Für ins Bankenviertel passende Schuhkosmetik sorgt der mitteilsame **Olajuwan Mitchell** 7 mit seinem Schuhputzerstand vor dem Bürogebäude Battery Street Nr. 275. Die Preise: 8, 10 oder 20 $, Trinkgeld nicht eingerechnet.

Pannacotta statt Pendlerfähren – **Ferry Building und Embarcadero**

Appetit auf einen echten Gaumenschmaus? Versuchen Sie es mit dem Angebot an internationalen Spezialitäten im alten Fährhafen am Embarcadero. Am Samstagvormittag werden auf dem Parkplatz vor dem Ferry Building Gourmetschlachten geschlagen, nicht im abgehobenen Edelambiente, sondern in rustikaler Atmosphäre an wackligen Biertischen.

Vom Fährterminal hat sich das Ferry Building zu einem der angesagtesten Gourmettreffs der Stadt entwickelt.

San Francisco befindet sich in einer formidablen Lage. Im wahrsten Sinne des Wortes. Die Stadt grenzt an zwei Küsten: die steile Pazifikküste im Westen und die ruhigere Bucht im Osten. Dort reihen sich am Embarcadero Dutzende Piers aneinander, die sich im Zuge der Stadtentwicklung über Jahrzehnte verändert haben.

Zweckentfremdeter Terminal

Paradebeispiel ist das 1898 erbaute, über 200 m lange **Ferry Building** , ein Terminal für in der Bucht kreuzende Fähren, der vor dem Bau der Oakland Bay Bridge und der Golden Gate Bridge in den 1930er-Jahren gemessen am Personenaufkommen der zweitgrößte Fährbahnhof der Welt war. Wer sich San Francisco nicht über Land aus dem Süden der Halbinsel näherte, hatte keine andere Möglichkeit als Fähr- und Schiffsverbindungen mit Endstation Ferry Building. Nach wie vor legen dort Pendlerfähren an. Aber in den Hallen stehen die Menschen nicht mehr an Fahrkartenschaltern, sondern vor einem halben Hundert Käsetheken, Edelrestaurants, italienischen Cafés und Fischgeschäften. Nicht ohne Grund. Die Anbieter locken ihre Kundschaft mit eher ›unamerikanischen‹ Leckerbissen, die man nicht an jeder Straßenecke bekommt – von argentinischen Teigtaschen über mexikanische Fleischklößchen bis zu Käsesorten der Cowgirl Creamery, deren Namen einem das Wasser im Mund zusammenlaufen lassen. Beispiele gefällig? Aus dem küstennahen Marin County stammt der orangerote Chimney Rock, der runde Devil's Gulch wälzt sich während der Herstellung mit Vorliebe in süßen und scharfen gemahlenen Pfefferschoten, während dem zylindrischen Inverness der St. Marcellin aus der französischen Dauphiné Pate stand.

Gourmettreff

Müssen Sie beim Einkauf in diesen Spezialitätenläden etwas tiefer als sonst in die Tasche greifen, bedienen Sie sich bei zwei außerhalb des Ferry Building befindlichen ›Institutionen‹ zu regulären Preisen. Vor und hinter dem Gebäude begegnen städtische Kunden dreimal pro Woche ländlichen Produzenten. Auf dem **Ferry Plaza Farmers Market** 2 biegen sich die Tische unter Bergen von taufrischem Obst, knackigem Gemüse, Blumenpötten und Schinken. Samstags kreuzen Sie auf dem Markt am besten mit knurrendem Magen auf. Neben dem Hauptgebäude tobt, umhüllt von Duftschwaden, ein Wettbewerb zwi-

G
GLOCKEN

Über dem Ferry Building ragt ein 75 m hoher Glockenturm auf, der die Giralda der Kathedrale im spanischen Sevilla zum Vorbild hat. Er zeigt nicht nur die Uhrzeit an, sondern untermalt den Stundenschlag auch musikalisch. Spielte das Uhrwerk früher um 12 Uhr mittags Melodien wie etwa »How Great Thou Art« von Scott Joplin, so melden sich die Glocken heute nur noch zur halben und vollen Stunde mit dem berühmten Londoner Westminsterschlag. Für den neuen Glockenklang wurden 4000 $ investiert, weil Uhrzeit und Ton per GPS-Signal aufeinander abgestimmt werden mussten.

Genug von Burger & Co.? Wie wäre es mit einer Käsemahlzeit aus der Region? Das Angebot im Ferry Building lässt keine Wünsche offen.

schen Kochlöffelschwingern, Garbudenbesitzern, Schnellköchen und Baristas.

Renaissance nach der Katastrophe

Das Ferry Building ist zwar der Hotspot des Embarcadero, aber nicht der einzige Besuchermagnet. In den 1950er-Jahren traf die Stadt eine verhängnisvolle Entscheidung: Sie ließ mit dem doppelstöckigen Embarcadero Freeway eine hässliche Schnellstraße bauen, die in die Gegend passte wie ein Elefant in einen Porzellanladen. Das Loma Prieta-Erdbeben von 1989 ließ den

INFOS/ÖFFNUNGSZEITEN

Ferry Building 1 : 1 Ferry Building, T 1-415-983-8030, www.ferrybuilding marketplace.com.
Marketplace: Mo–Fr 10–18, Sa 9–18, So 11–17 Uhr. Die Öffnungszeiten für einzelne Geschäfte bzw. Restaurants können variieren.
San Francisco City Guides:
c/o SF Public Library, 100 Larkin St., T 1-415-557-4266, www.sfcityguides. org, einstündige, kostenlose Führungen durch das Ferry Building, Zeiten s. Webpage.
Ferry Plaza Farmers Market 2 :
1 Ferry Building, www.cuesa.org/markets, Di, Do 10–14, Sa 8–14 Uhr. Bauernmarkt mit frischen Produkten, die aus dem Gebiet um die Bucht kommen.
Exploratorium 5 : Pier 15, T 1-415-528-4444, www.exploratorium.edu, Di–So 10–17, Do bis 22 Uhr, 29 $.

DAS AUGE ISST MIT

Die Köche des vietnamesischen Restaurants **The Slanted Door** sind nicht nur Meister des guten Geschmacks, sondern auch routinierte Food Designer, wenn es etwa um Louisiana Gulf Shrimps (18 $) oder Spicy Broccoli mit Tofu (12 $) geht (Ferry Building, T 1-415-861-8032, www.slanteddoor.com, tgl. 11–16.30 und 17.30–22 Uhr).

ALLES KÄSE

Aus Bergen von Käse aus regionaler Produktion können Sie in der **Cowgirl Creamery** auswählen (Ferry Building, T 1-415-362-9354, www.cowgirlcrea mery.com, Mo–Fr 10–19, Sa 8–18, So 11–17 Uhr).

Cityplan: Karte 2, L/M 2/3 | **BART** alle Linien, **Cable Car** California-Linie, E- und F-Linie

Amors Pfeil und Bogen im Rincon Park sind eine Liebeserklärung der Künstler Claes Oldenburg und Coosje van Bruggen an San Francisco.

Schandfleck teilweise einstürzen, was zu einem kompletten Abriss und einer bemerkenswerten Aufwertung der Gegend führte. Nicht nur die Delikatessenszene im Ferry Building machte die Veredelung sichtbar. Gegenüber vom historischen Fährhafen entstand mit dem **Embarcadero Center** 3 ein Riesenkomplex aus Büros, über 120 Geschäften, zwei Hotels, Restaurants und Apartments. Wo 2013 der America's Cup ausgetragen wurde, entstand auf dem Pier 27 der neue **James R. Herman Cruise Terminal** 4 für Kreuzfahrtschiffe, während am Pier 15 das **Exploratorium** 5 seine Pforten für Amateurforscher und Freizeitwissenschaftler öffnete.

→ UM DIE ECKE

Falls Sie den kulinarischen Verführungen im Gourmetmekka Ferry Building widerstandslos erlegen sind, sei Ihnen für einen entspannenden Walk oder ein Jogging-Intermezzo die Embarcadero-Promenade zwischen dem historischen Fährhafen und der Auffahrt zur **Oakland Bay Bridge** 6 empfohlen. Sie können sich im **Rincon Park** 7 zwischen Blumenrabatten und Grasflächen auch nur auf ein Mäuerchen setzen, um den Betrieb in der Bucht zu beobachten. Wie Sie den Park finden? Halten Sie nach dem Cupid's Span Ausschau, einer im Boden steckenden Riesenskulptur aus zwei roten Pfeilen und einem gelben Bogen.

In den USA Backwaren zu finden, die europäischen Erwartungen entsprechen, ist nicht einfach. Im Ferry Building kommt die **Mariposa Baking Company** deutschem und französischem Brot aber schon ziemlich nahe. Die Vollkorn-Brötchensorte mit dem martialischen Namen Telegraph Torpedo Roll (4er-Pack 9 $) ist außen knusprig und innen weich, ähnlich wie beim heimischen Bäcker. Das 30 cm lange Baguette (4,20 $) wird Sie vielleicht an Ihren letzten Frankreichurlaub erinnern.

Statt Nägel werden Enten lackiert – **Chinatown**

Zwischen exotischen Pagodentempeln, Dim Sum-Küchen und Schaufenstern voller lackierter Enten duftet das Reich der Mitte nach Räucherstäbchen, Sojasoße und Fischsud. Chinatown scheint auf exterritorialem Gebiet zu liegen. Jedenfalls ist Amerika in den Straßenzügen und Hinterhöfen um die zentrale Grant Avenue optisch und kulturell meilenweit entfernt.

Auf der zentralen Grant Avenue in Chinatown kommt man sich schon mal vor wie in einem chinesischen Vergnügungspark ...

Lust auf etwas anderes, was Sie zu Hause nicht finden? Chinatown ist eine gute Wahl. Obwohl der Stadtteil auf keiner Touristenroute fehlt. Tauchen Sie trotzdem in diesen bunten, exotischen Kosmos ein, selbst wenn an der zentralen Grant

Avenue Kitsch und Kommerz regieren. Einen Tourplan brauchen Sie nicht. Lassen Sie sich ziellos durch fernöstliche Garküchen, Kimonoboutiquen, mysteriöse Kräuter-, Pulver- und Heilmittelläden und zum Platzen volle Souvenirgeschäfte treiben. Ein originalgetreues China-Abbild dürfen Sie nicht erwarten. Schließlich flanieren Sie über US-Boden, auf dem auch Chinesen, Vietnamesen, Kambodschaner und Laoten den amerikanischen Traum vom wirtschaftlichen Aufstieg im Auge haben.

Hektisch, chaotisch, fremd?

Am besten stürzen Sie sich beim **Dragon Gate**  an der Ecke Grant Avenue and Bush Street in den bezirzenden Flirt mit Chinatown. Drei versetzt angeordnete, mit grün glasierten Ziegeln gedeckte Dächer samt Verzierungen in Form von Drachen und Fischen lassen das Stadttor aussehen wie ein bauliches Relikt aus vergangener Zeit. In Wahrheit wurde es aber erst 1970 gebaut. Mogeln Sie sich an den steinernen Löwenhundfiguren vorbei, die das Tor flankieren. Ein paar Schritte weiter schlägt das wildfremde Chaos der zentralen **Grant Avenue** über Ihnen zusammen. Über der Straße an Leinen aufgehängte rote Lampions, Hauswände schmückende Banner mit chinesischen Schriftzeichen, giftgrüne Laternenpfosten mit pagodenartigen Aufsätzen – man kommt sich vor wie in einem fernöstlichen Themenpark, in dem man weder Schlange stehen noch Eintritt bezahlen muss.

Kulinarischer Streifzug ins Unbekannte

Chinatown ist eine bunt zusammengewürfelte Vielvölkergemeinde mit vermutlich über 170 000 Einwohnern, von denen 90 % aus China stammen. Ob die Zahlen stimmen, weiß niemand, weil in diesem Stadtteil die Uhren ihren eigenen Takt schlagen. Abseits der Hauptschlagader Grant Avenue herrscht in manchen Straßenzügen statt Touristenrummel authentischer Alltag. Wie etwa an der **Stockton Street** , an der sich chinesische Hausfrauen die Klinken in die Hand geben. Durchgestylte Supermärkte? Aufgebrezelte Auslagen? Fehlanzeige! Hinter hingeworfenen Gingseng-Haufen und Trockenfisch-Bergen lagern in offenen Pappkartons nicht zu entschlüs-

Lackierte Ente zählt hier natürlich zu den kulinarischen Highlights aus dem Reich der Mitte. Als Blickfang im Schaufenster macht sie sich auch nicht schlecht. Oder?

Größter Event in Chinatown ist das chinesische Neujahrsfest im Februar. Dekorierte Festwagen, fantastische Kostüme, explodierende Kracher, die neu gewählte Miss Chinatown U.S.A. samt Hofstaat und natürlich der 80 m lange, von über 100 Männern und Frauen getragene Drachen Gum Lung machen die Veranstaltung zu einem unvergesslichen Schauspiel.

Die Ross Alley sieht aus wie ein Hinterhalt in einem Thriller. Kein Wunder, dass hier Szenen von »Indiana Jones und der Tempel des Todes« gedreht wurden. Süßliches Aroma kündigt die **Golden Gate Fortune Cookie Company** ❷ an, wo seit 1962 fleißige Hände chinesische Glückskekse basteln. Wer die Cookies erfunden hat, ist nicht geklärt. Zu den Top-Kandidaten zählt ein gewisser Makoto Hagiwara, kein Chinese, sondern ein japanischer Einwanderer, der auch den Japanischen Teegarten im Golden Gate Park anlegte. Außer ein paar Fotos (50 Cent) können Sie auch eine Tüte frische Kekse mitnehmen (4 $). Erwachsenen-Cookies mit erotischen Botschaften kosten 1 $ mehr.

selnde Warengeheimnisse, als sei die Erfindung des Begriffs Marketing noch in weiter Ferne. Schilder geben zwar Auskunft über Preise in lesbaren Zahlen. Die chinesischen Bezeichnungen bleiben aber ebenso ein Mysterium wie die Gemütsverfassung der Wachteln, die in ihren Käfigen herumturnen. In der **Good Mong Kok Bakery** ❶ könnten Sie Ihr Cantonesisch sinnvoll einsetzen. Weil Sie die Sprache vermutlich nicht beherrschen, zeigen Sie einfach auf die Köstlichkeiten bzw. nennen die auf einer gelben Schautafel rot notierte Nummer Ihrer Wahl. Pork Shui Mai? Shrimp Har Gow? Shrimp and Chive Dumplings? Dass Sie keine Ahnung haben, was Sie sich bestellen, macht den kulinarischen Ausflug nach Chinatown nur noch abenteuerlicher.

Zwischen Washington und Clay Street verläuft **Waverly Place** ❹. Der Beiname ›Straße der bemalten Balkone‹ weist auf die bunt getünchten Hausfassaden hin. Bei dem kleinen, nach der chinesischen Meeresgöttin benannten **Tien Hau Temple** ❺ handelt es sich um den ältesten taoistisch-buddhistischen Tempel der USA. Nach drei schmalen Treppenaufgängen erreichen Sie im dritten Stock einen kleinen, mit Ritualgegenständen geradezu überladenen Meditationsraum. Über einem kunstvoll geschnitzten,

Rote Papierlaternen im Tien Hau Tempel sind Symbole für Freude, Glück und Wohlstand. Und sie machen auch als Dekorationsstücke wirklich etwas her …

INFOS/ÖFFNUNGSZEITEN

Tien Hau Temple 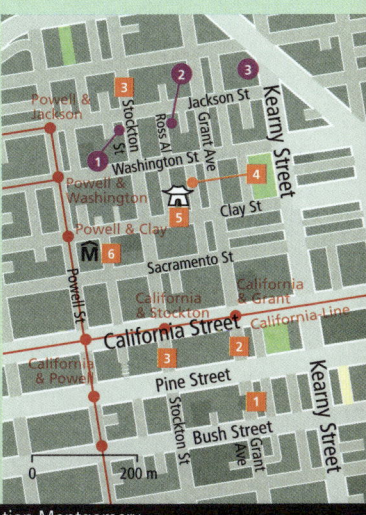**:**
125 Waverly Pl., T 1-415-391-4841,
tgl. 9.30–15.30 Uhr.
Spenden Sie den einen oder anderen
Dollar, damit Ihnen die Tempelgöttin
gewogen bleibt.
**Chinese Historical Society of
America** : 965 Clay St., T 1-415-
391-1188 x101, http://chsa.org, Di–Fr
12–17, Sa 11–16 Uhr, 3 $.
Spannende Geschichtslektionen

DELIKATE ERLEBNISSE

Im Dim Sum-Imbiss **Good Mong Kok
Bakery** gibt es keine Tische, sondern
kantonesische Spezialitäten nur zum
Mitnehmen, die sogar aus der Hand
verzaubern (1039 Stockton St.,
T 1-415-397-2688, keine Webpage,
tgl. 7–18 Uhr, unter 10 $).
**Golden Gate Fortune Cookie
Company** : 56 Ross Alley, T 1-415-
781-3956, tgl. 8–18 Uhr, Eintritt frei.
Das **House of Nanking** ist kein Res-
taurant wie jedes andere. Das Interieur?

Vergessen Sie es. Die Speisen? Meistens
eine Offenbarung. Der Service? Gewöh-
nungsbedürftig. Der Kellner sagt, was es
zu essen gibt. Am besten Sie gehorchen
ihm (919 Kearny St., T 1-415-421-1429,
Mo–Fr 11–21, Sa 12–22, So 12–21.30
Uhr, ab ca. 20 $).

Cityplan: Karte 2, K 3 | **BART** alle Linien, Station Montgomery,
Cable Car Powell-Hyde-Linie

vergoldeten Holzschrein, Buddha-Statuen, Glocken und Gebetsmühlen hängt die Decke voller unzähliger roter Papierlaternen. Steht Ihnen
nach dem Weihrauchnebel der Sinn nach fri-
scher Luft, gewährt Ihnen die Schutzgöttin der
Seeleute und Fischerinnen zum Abschied vom
Balkon noch einen Blick über San Franciscos
Reich der Mitte.

→ UM DIE ECKE

Der rote Backsteinbau der **Chinese Historical
Society of America** stammt vom Reißbrett
der Architektin Julia Morgan, die auch das
berühmte Hearst Castle in Kalifornien baute.
Sie erfahren alles über die Geschichte und Rolle chinesischer Einwanderer, die ab Mitte des
19. Jh. zunächst als Goldsucher, später als Ei-
senbahnarbeiter in die USA kamen.

Bohème und Parmaschinken – **North Beach**

Meeresrauschen in North Beach? Nicht wirklich. Dafür läuft Ihnen hier an jeder Ecke das Wasser im Mund zusammen. North Beach ist kein Strand, sondern ein Stadtteil, in dem italienische Küchennebel, verführerische Delikatessenläden, rustikale Kneipen und berühmte Cafés die Szene prägen. Genug zu sehen gibt es auch: von der Lombard Street bis zu den Wallfahrtsorten der aufmüpfigen Beat Generation der 1950er-Jahre.

Achterbahnfahren mit dem Auto – die berühmte Lombard Street im Stadtteil North Beach macht's möglich.

Klettern Sie doch erst einmal auf den Telegraph Hill und lassen sich vom Fahrstuhl für acht Dollar auf die Aussichtsplattform des zylinderförmigen, 64 m hohen **Coit Tower** **1** ›liften‹. Von oben haben Sie rundum alles im Blick, den Betondschungel der Innenstadt, die Golden Gate Bridge, Fisherman's Wharf und Alcatraz. Im Erdgeschoss pinselten Maler während der Weltwirtschaftskrise

Christoph Kolumbus stand zwar in Diensten der spanischen Krone, stammte aber aus Genua. Für die italienische Gemeinde in North Beach Grund genug, das 3,6 m hohe Bronzedenkmal beim Coit Tower zu stiften.

1934 ihre sozialkritische Sicht der Dinge auf die Wände. Was zu heftigen Diskussionen führte. Zu kritische Szenen mussten sogar übermalt werden.

Das Kurvenwunder

Vom Coit Tower zieht sich die **Lombard Street** **3** durch das ganze Stadtgebiet bis zum Presidio. Berühmter Abschnitt sind die acht gepflasterten Haarnadelkurven zwischen Hyde und Leavenworth Street, die nicht nur eng wie eine Bobbahn, sondern auch noch steil wie ein Hausdach sind. Jede Wette, dass Sie auf der kurzen Fahrt kaum Augen für die Blumenrabatte zu beiden Seiten haben, weil Sie aufpassen müssen, sich auf dem 150 m-Abstieg (Einbahnverkehr!) beim Lenken nicht die Arme auszukugeln. Trotz der fahrerischen Herausforderung ist der Verkehr in der Hochsaison mit ca. 350 Pkw pro Stunde so dicht, dass der Straßenabschnitt manchmal temporär für Autos gesperrt wird – zum Schutz der entnervten Anwohner. Zu Fuß lässt sich die Lombard Street übrigens auch auf seitlichen Treppen besteigen. Vom oberen Ende des Kurvenwunders hat man einen tollen Blick über die Hyde Street auf Alcatraz.

Auf dem Gourmet Trail

Die im Schachbrettmuster der Straßen diagonal verlaufende Columbus Avenue präsentiert sich mit Espressotresen, Delikatessenläden und italienischen Ristorantes als Feinschmeckermeile. Um Grün-Weiß-Rot kommt im Stadtteil niemand herum, um einschlägige Namen wie Caffe Puccini, Calzone's und Ristorante Michelangelo auch nicht. Natürlich gibt es unter den Speisetempeln die eine oder andere Touristenfalle. Doch die

Vor dem Coit Tower dient ein steinerner Kolumbus in heroischer Haltung als Wächter über einige wenige Parkplätze. Sollten Sie den Hügel zu Fuß erklommen haben, lassen Sie sich ein Workout auf den **Filbert Steps** **2** südlich des Turms nicht entgehen, sofern Sie fit genug für 400 bis 500 Treppenstufen sind. Diese versteckten Stiegen mäandern durch überbordende Gärten, in denen nicht nur Einwohner in hübschen Häusern leben, sondern auch wilde Papageien mit grünem Federkleid und kirschroten Köpfen durch die Bäume flattern.

Reputation des Viertels beruht auf italienischen Institutionen wie **Molinari Delicatessen** ❶, eine Art kulinarischer Vatikan, wo Sandwichbrotscheiben eigenständig nach Mailänder Salami, sonnengetrockneten Tomaten, Prosciutto Di Parma und Artischockenherzen zu schnappen scheinen. Zwischen Postern, Fotos, Salamigalerien, Weinvitrinen und Käsekollektionen fühlt man sich wie in einem Spezialitätenmuseum. Ähnlich geht es in der **Liguria Bakery** ❷ zu, die den Minimalismus auf die Spitze treibt. Seit 1911 stellt der Famili-

INFOS/ÖFFNUNGSZEITEN

Coit Tower ❶: 1 Telegraph Hill Blvd., T 1-415-249-0995, http://sfrecpark.org/destination/telegraph-hill-pioneer-park/coit-tower, tgl. 10–17 Uhr.
Um Warteschlangen zu vermeiden: den frühen Vormittag wählen. Parken max. 20 Min.

EINE STÄRKUNG FÜR ZWISCHENDURCH

Molinari Delicatessen ❶: 373 Columbus Ave., T 1-415-421-2337, Mo–Fr 8–18, Sa 8–17.30 Uhr, ab ca. 7 $.
Liguria Bakery ❷: 1700 Stockton St., T 1-415-421-3786, Di–Fr 8–14, Sa 7–14 Uhr, 4–5 $.

SUPER MUNTERMACHER

Szenecafés wie das **Caffe Trieste** ❸ (601 Vallejo St., T 1-415-982-2605, www.caffetrieste.com, So–Do 6.30–22, Fr/Sa 6.30–23 Uhr) oder das **Vesuvio Café** ❹ (255 Columbus Ave., www.vesuvio.com, tgl. 6–2 Uhr), wo schon Jack Kerouac und Allen Ginsberg an ihren gegenkulturellen Entwürfen bastelten, gehören in North Beach zu den Pflichtstopps nicht nur für Literaturkenner.
The Stinking Rose ❺: 325 Columbus Ave. T 1-415-781-7673, www.thestinkingrose.com, tgl. 11.30–22 Uhr, Hauptgerichte ca. 20–30 $.

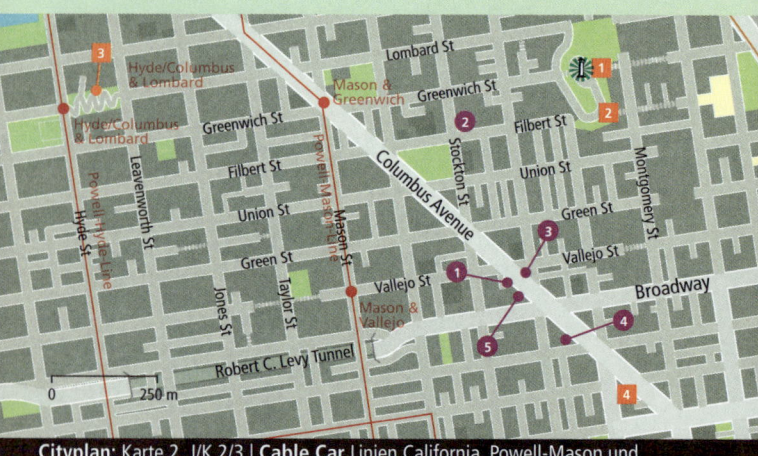

Cityplan: Karte 2, J/K 2/3 | **Cable Car** Linien California, Powell-Mason und Powell-Hyde, E- und F-Linie

enbetrieb ein einziges Produkt her: Focaccia, ein ligurisches Fladenbrot aus Hefeteig, das vor dem Backen im Ziegelofen mit unterschiedlichen Zutaten belegt wird. Damit hört die Simplifizierung des Ladens noch nicht auf: Keine Konservierungsstoffe, keine Kreditkarten, keine Werbung, kein Focaccia, wenn das Tagespensum ausverkauft ist. Dann starrt die hungrige Kundschaft an der Eingangstür auf ein wenig tröstliches Hinweisschild: »Bis bald. Komm' morgen wieder«.

Hohe Kaffeekultur

Kann auch sein, dass Ihnen der Sinn nach einem Tässchen Kaffee steht und nicht das in den Milchschaum gemalte Herzchen, sondern der darunter befindliche Sud über die Qualität entscheiden soll. Dann käme das 1956 als erster Espressoladen eröffnete **Caffe Trieste** ❸ in Frage. Wo vor Ihnen Luciano Pavarotti, Burt Lancaster, Dean Martin und Frank Sinatra einen Colombia Oscuro oder Hazelnut Mocha Blend schlürften, kann das Heißgetränk nicht schlecht sein. An den Wänden zeugen Fotos auch von anderen VIPs, die sich unter Stammgäste wie Regisseur Francis Ford Coppola mischten. Er soll Teile des Skripts für seinen Bestseller »Der Pate« auf einer tragbaren Schreibmaschine am Tisch neben dem Klavier getippt haben. Auch heute noch kommt er auf ein Tässchen hereingeschneit, weil seine Firma American Zoetrope Studios nur einen Katzensprung entfernt im **Columbus Tower** ❹ residiert, der wie ein patinagrünes Tortenstück über der Straßenkreuzung thront.

→ UM DIE ECKE

Mischen Sie sich unter Bohemiens, Literaten, Poeten, Texter. Am besten mit einem Laptop, Skizzenbuch oder Notizblock unter dem Arm. Im **Vesuvio Café** ❹ hingen schon Stars der Beat Generation vom Schlage eines Jack Kerouac und Allen Ginsberg über ihren Manuskripten. Falls Sie in Erinnerungen an die aufmüpfigen Repräsentanten der damaligen Gegenkultur schwelgen, vergessen Sie nicht, sich einen aus Rum, Tequila, Orangen- oder Cranberrysaft und Limonen gemixten Jack Kerouac zu bestellen. Ob auch der Autor des Romans »Unterwegs« auf diesen Drink schwöre, ist nicht verbürgt.

R
REKORD

Kommen Sie so richtig hungrig am Restaurant **The Stinking Rose** ❺ vorbei, kann zweierlei passieren. Entweder der bis auf die Straße wabernde Knoblauchduft treibt Sie augenblicklich aus der Stadt oder ihr Geruchssinn befiehlt Ihnen, sich sofort für 23,95 $ das legendäre Forty Clove Garlic Chicken zu bestellen, das sich in 40 (!) Knoblauchzehen am wohlsten fühlt.

Geradezu museal ausgestattet ist das Vesuvio Café, mit Bildern, Fotos, Lampenschirmen aus Buntglas und sogar einer Sitzecke, die laut einem antiken Schild reserviert ist – und zwar für weibliche Psychiater. Aha!

Ratternde Nostalgiemobile – **Cable Cars**

Quietschend, schleppend langsam, unbequem. Warum tut man sich eine Fahrt mit einem Cable Car trotzdem an? Weil die steinzeitlichen Old-timer zu den Wahrzeichen von San Francisco gehören. Und weil sie Amüsement pur garantieren und Fahrgäste sogar zum gewagten ›Straßenbahn-Surfen‹ auf den Trittbrettern animiert werden.

Vor dem großen Erdbeben von 1906 verkehrten über 600 Cable Cars in der Stadt. Im Jahr 1912 waren es noch etwa 100. Heute rattern nur noch 44 über die Gleise der drei Linien.

Andrew Hallidie soll Augenzeuge eines Horrorunfalls gewesen sein. Auf der abschüssigen Clay Street verunglückte ein Pferdefuhrwerk und rutschte mit mehreren Personen an Bord rückwärts die Straße hinunter. Die Tragödie ließ ihn über ein Transportmittel nachdenken, das den steilen Anstiegen der Stadt besser gewachsen war. Seine Lösung: Waggons ohne Motor, gezogen von im Boden verlaufenden Drahtseilen. Premiere feierte das erste Cable Car am 2. August 1873, morgens um 5 Uhr. Weil man das neue Transportmittel aus Sicherheitsgründen zur verkehrsarmen Zeit testen wollte.

Cable Car

Lassen Sie sich abschleppen!

Cable Cars rattern heute auf drei Linien durch die Stadt. Die bekannteste ist die 3,4 km lange Powell-Hyde-Linie (Linie 60). Sie beginnt an der **Kreuzung Powell und Market Street** **1**, führt am Union Square vorbei über den Nob Hill und den Russian Hill steil nach unten ans östliche Ende von **Fisherman's Wharf** **2**. Die Powell-Mason-Linie (Linie 59) verläuft über 2,5 km von der Market Street bis auf den Nob Hill so wie die Powell-Hyde-Linie, zweigt dann allerdings auf der Mason Street nach Norden ab, führt bis zur Columbus Avenue steil nach unten und schließlich noch zwei weitere Blocks auf der Taylor Street nach Norden bis fast zum **Pier 43** **3** zu den historischen Kriegsschiffen USS Pampanito und SS Jeremiah O'Brien. Den einfachsten Weg nimmt die California-Street-Linie (Linie 61). Sie folgt von der Van Ness Avenue im Westen bis zur 2,5 km entfernten Kreuzung von Drum bzw. Market Street im Financial District der **California Street** **4**.

Bergauf, bergab – ohne Motor

Die Antriebstechnik könnte quasi aus dem Jurassic Parc stammen. Die Waggons werden von einem Stahlseil gezogen, das in einer Versenkung unterhalb der Straße verläuft. Der Wagenführer greift mit einer Spannklaue durch einen Schlitz in der Fahrbahn das endlos umlaufende Seil und klemmt den Waggon daran fest. An den Endhaltestellen kommt die Muskelkraft der Crew zum Einsatz, wenn der Wagen auf einer Drehscheibe gewendet werden muss. Eine Ausnahme bildet die California-Street-Linie. Auf ihr fahren Waggons mit einem Führerstand vorne und hinten. Auf das Gegengleis kommen die Fahrzeuge per Weiche.

Mechanik aus der Mottenkiste

Wo kommt eigentlich die Kraft her, mit der die Cable Cars die Hügel von San Francisco erklim-

STILVOLL

Kaum ein extravaganter Mix aus Friseurgeschäft und britischem Herrenausstatter im Nostalgie-Stil gibt sich traditionsbewusster. Nach einer Messerrasur (30 $) in einem uralten Friseurstuhl nimmt der betuchte Herr einen Edelstahlflachmann in Lederhülle (88 $) oder ein Seidentaschentuch (65 $) als hochwertiges Souvenir mit nach Hause. Nun denn, meine Herren, nichts wie hin zu **Cable Car Clothiers** 🛍️, 110 Sutter St., Suite 108, T 1-415-397-4740, https://cablecarclothiers. com, Mo–Fr 9.30–18, Sa 11–17 Uhr!

INFOS/ÖFFNUNGSZEITEN

Powerhouse & Cable Car Museum
5: 1201 Mason St., T 1-415-474-1887,
www.cablecarmuseum.org, im Sommer
10–18, im Winter bis 17 Uhr, Eintritt frei.

Cable Car Bell Ringing Contest 8:
Der populäre Wettbewerb findet meistens im Hochsommer auf dem Union
Square im Cable Car Nr. 62 statt, der bis
1954 in Betrieb war – natürlich unter
großer Beteiligung der Bevölkerung.

KULINARISCHE AUSZEIT

Keine Ahnung, was ein Bagel Carnitas
oder ein Azteca Mocha ist? Nur Schritte
vom Cable Car Museum entfernt finden
Sie's im schnuckeligen **Cafe Isabella 1**
heraus (1414 Taylor St., T 1-415-378-
3241, http://sanfrancisco.menupages.
com/restaurants/cafe-isabella, Di– So
8–15 Uhr, Frühstück für zwei ca. 15 $).

Cityplan: Karte 2, J–M 1–5 | **Bart** alle Linien, **Cable Car** Linien Powell-Hyde,
Powell-Mason und California

*Ein Cable Car zu
fahren war wegen der
körperlichen Heraus-
forderung traditionell eine
Männerdomäne. Mit
der 52-jährigen Fannie
Mae Barnes schaffte
1998 die erste Frau den
Durchbruch. Mittlerweile
sind zwei weitere Frauen
ins Reich der Männer
vorgedrungen.*

men? Aus dem Powerhouse, das zugleich als
Cable Car Museum 5 dient. Auf der mittleren
Etage des Hauses sind Exponate zur Geschichte
der Cable Cars ausgestellt, darunter drei Oldtimer aus den 1870er-Jahren. Von einer Empore
blickt man auf das lautstark pochende Herz der
mechanischen Schaltzentrale mit gewaltigen
Antriebsrädern und vier Motoren mit jeweils
510 PS, welche die umlaufenden Stahlkabel mit
einer konstanten Geschwindigkeit von 15,3 km/h
bewegen.

Gebrauchsanweisung für Cable Cars

Gut! Sie haben sich zu einem nostalgischen
Bummel mit einem ratternden Nahverkehrssau-
rier auf der beliebten Linie Powell-Hyde (Linie
60) entschlossen. Am besten steigen Sie NICHT
an der Ecke Powell & Market Street ein, weil Sie
dort angesichts der üblichen Warteschlangen
eventuell das nächste Weihnachtsfest zu Hause
verpassen. Gehen Sie eine oder zwei Stationen
entfernt an Bord. Die Haltestationen sind durch
Schilder mit der Aufschrift ›Cable Car Stop‹ ge-

Das energisch pochende Herz der Cable Cars sind gewaltige Antriebsräder. Im Cable Car Museum kann man das Powerhouse der berühmten Oldtimer besichtigen.

kennzeichnet. Steigen Sie links oder rechts zu, halten Sie sich dabei aber vom gelb markierten Arbeitsplatz des Gripman (Fahrer) fern. Bergab kommt der Bremser ins Spiel, der die Radbremse am hinteren Drehgestell mittels einer Kurbel bedient und in bremsfreien Zeiten als Schaffner fungiert. Solange Sitzplätze frei sind, müssen Sie diese einnehmen. Falls alle besetzt sind, dürfen Sie als *freerider* auf dem Trittbrett mitfahren – für amerikanische Verhältnisse geradezu ein Himmelfahrtsunternehmen. An jeder Haltestange sind nur zwei Passagiere erlaubt. Wer sich seiner Haltestelle nähert, ruft »Next stop, please«!

→ **UM DIE ECKE**

Sie sind ein Liebhaber historischer Straßenbahnen? Nostalgie pur finden Sie für 2,25 $ auf der **F-Linie** 6 zwischen Fisherman's Wharf und Castro District. Die rollenden Ikonen sind liebevoll hergerichtete, aus dem In- und Ausland stammende Oldtimer. Superstar ist eine 1934 gebaute Bahn aus dem englischen Seebad Blackpool, ein offener Waggon, der wie ein Ausflugsschiff über den Asphalt gleitet. Berühmt sind auch zwei 1923 gefertigte Bahnen aus New Orleans, die an Tennessee Williams' Drama »A Streetcar Named Desire« (»Endstation Sehnsucht«) erinnern. Man erkennt sie am olivgrünen Anstrich mit roten Tür- und Fensterrahmen. Entlang dem Embarcadero verkehren auf denselben Gleisen die ebenfalls historischen Bahnen der **E-Linie** 7.

In den Cable Cars hat eine altmodische Klingelleine, über die Gripman und Bremser verbunden sind, alle Modernisierungsversuche überlebt. Sie dient beim höllischen Quietschen und Rattern der Bahn der nonverbalen Verständigung. Der beste Bimmler wird schon seit Jahrzehnten beim **Cable Car Bell Ringing Contest** 8 auf dem Union Square ermittelt. Dabei geht es nicht nur um das Gebimmel selbst, sondern um die möglichst eindrucksvolle Performance des jeweiligen Teilnehmers.

Hafenromantik adé? –
Fisherman's Wharf

Straßenunterhalter, Imbissbuden, T-Shirt Shops und Nonsense-Museen hier. Knarrende Piers mit schwimmenden Oldtimern, die spannende Seefahrergeschichten erzählen, Robbenkolonien und Fischkutter dort. San Franciscos berühmte Wasserkante pendelt zwischen Klein-Disneyland und Hafenromantik. Ein guter Rat: Hüpfen Sie für einen Besuch früh aus dem Bett.

Früher ein pulsierender Fischereihafen, hat sich Fisherman's Wharf mittlerweile in einen kitschigen Rummelplatz verwandelt.

In Fisherman's Wharf ist die Welt noch in Ordnung – am frühen Morgen. In einem Straßencafé sitzen Frühaufsteher in Zeitungen vertieft vor Cappuccino-Tassen. Abseits der Jefferson Street dümpeln am **Al Socoma Way** 1 beim Pier 47 kleine Fischkutter im Hafenbecken. Per Ladekran stapelt ein Arbeiter Reusen mit bunten Bojen übereinander und macht deutlich, warum Fisherman's Wharf noch nicht in Touri-Wharf umgetauft wurde. Ein Fischer im Blaumann hebt ein paar Körbe mit frischem Fang vom Deck auf den Pier. »Nein, keine Krabben, nur Felsenfische und Lengdorsch«. Keine Krabben, obwohl die Krabbensaison bereits begonnen hat?

Krabbenkrise

Kümmerliche drei Dutzend Fischkutter tanzen dort im Wasser, wo früher Hunderte ungeduldig an ihren Leinen zerrten. Trotzdem prägt immer noch maritimes Flair Piers, Bootsstege und Lagerschuppen, wenngleich die Bucht von San Francisco ihren Nimbus als größtes Fischereizentrum der US-Westküste längst eingebüßt hat. Überfischung, Umweltverschmutzung, Stadtentwicklung und eingeschleppte fremde Spezies fordern ihren Tribut. Und die Blüte von Kieselalgen. Speziell im festen, süßlichen Fleisch von Taschenkrebsen lagern sich durch diese Algenart verursachte Domoinsäuren ab, die in hohen Konzentrationen gesundheitliche Schäden verursachen können und deshalb in der Vergangenheit schon zu Fangverboten führten. In Imbissen und Restaurants servierte Taschenkrebse und Crab Cakes stammen deshalb häufig nicht mehr aus lokalen Gewässern, sondern wurden etwa aus Oregon und Washington importiert. In der Bucht werden fast nur noch Heringe gefangen.

Das süßliche Fleisch der Dungeness-Krabben ist in San Francisco ein traditioneller Gaumenkitzel, der von vielen Einwohnern hoch geschätzt wird. Umso schlimmer, wenn der Fang unter der Algenblüte leidet.

Schwimmende Methusalems

Schauen Sie sich auf dem **Hyde Street Pier** 2 um, wo sich bis zur Fertigstellung der Golden Gate-Brücke die Anlegestelle der zwischen San Francisco und Sausalito pendelnden Autofähren befand. Die Eisenbahnfähre **Eureka** 3 wurde 1922 für Passagiere und Autos umgerüstet. Ein paar Jahre jünger ist der dekorative Schlepper **Hercules** 4 mit hohem, rotem Schornstein und rotem Steuerhaus, der Segelschiffe, Lastkähne und Flöße bugsierte. Der 1895 vom Stapel gelaufene Schoner **C. D. Thayer** 5 durchpflügte die Küstengewässer im frühen 20. Jh. mit Holz und später mit Lachs- und Kabeljau. Unumstrittener Champion unter den fünf am Pier vertäuten Oldtimern ist der 90 m lange Dreimaster **Balclutha** 6, der in jedem Piraten-Movie eine gute Figur machen würde. Siebzehnmal umrundete das mit Getreide, Reis, Wolle oder Guano beladene Schiff auf

W
WILDERER

Im späten 19. Jh. war die Bucht von San Francisco ein bedeutendes Fischereizentrum für Lachs, Maifisch, Felsenbarsch und Stör. Auch auf Austernbänken gezüchtete Schalentiere versprachen gute Profite. Im Alter von 15 Jahren kaufte sich der in der Bay-Metropole geborene Schriftsteller **Jack London** (1876–1916) mit geliehenem Geld die heruntergekommene Schaluppe Razzle Dazzle und ging auf Austernraub. Als eine rivalisierende Gruppe sein Boot zerstörte, wechselte er die Seite und schloss sich der Fischereipolizei im Kampf gegen illegale Garnelenfänger und Lachswilderer an ...

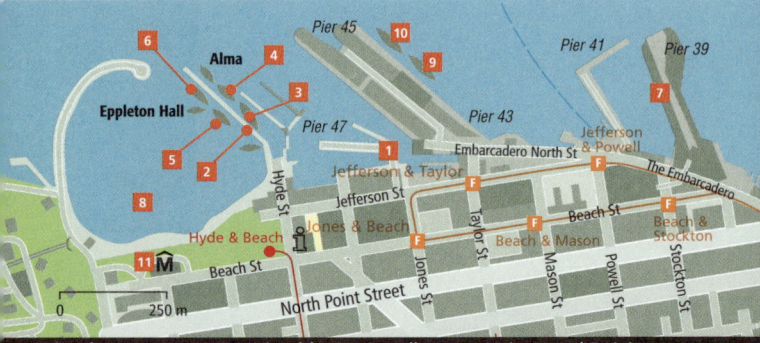

Cityplan: Karte 2, H–K 1/2 | **Cable Car** Powell-Mason-Linie, E- und F-Linien, **Bus** 15, 19, 30, 32 und 42

MARITIME MUSEEN

San Francisco Maritime National Historical Park 8 : 499 Jefferson St., Hyde St. Pier, T 1-415 447-5000, www.nps.gov/safr, tgl. 9.30–17 Uhr
Im Visitor Center kann man sich über das reiche maritime Erbe der Stadt informieren. Der Zugang zum Pier ist kostenlos. Besichtigung der historischen Schiffe 10 $.
Zwei ausgemusterte Kriegsschiffe stehen dem Publikum zur Besichtigung offen: Das U-Boot **USS Pampanito** 9 war im Zweiten Weltkrieg im Pazifik im Einsatz und versenkte sechs japanische Schiffe (Pier 45, T 1-415 775-1943, www.sftourismtips.com/uss-pampanito.html, tgl. 9–17 Uhr, 15 $). Die **SS Jeremiah O'Brien** 10 ist das einzig verbliebene Schiff, das 1944 an der Landung der Alliierten in der Normandie beteiligt war (Pier 45, T 1-415-964-4421, www.ssjeremiahobrien.org, tgl. 9–16 Uhr, 20 $).

Das **Maritime Museum** 11 über die Geschichte von Fisherman's Wharf befindet sich im 1939 gebauten Aquatic Park Bathhouse, das mit seinem außergewöhnlichen Architekturstil ins Auge fällt. Die Stromlinien-Moderne wurde häufig mit dem Art-Déco-Stil kombiniert und fiel u. a. mit nautischen Elementen auf, was den Museumsbau wie ein gestrandetes Schiff erscheinen lässt (900 Beach St., T 1-415-561-7100, www.nps.gov/safr/learn/historyculture/bathhousebuilding.htm, tgl. 10–16 Uhr, Eintritt frei).

BOXENSTOPP FÜR HUNGRIGE

In Fisherman's Wharf gibt es Dutzende Restaurants. Kenner meiden die Touristenspots, weil sie in der Regel überteuert und nicht von bester Qualität. Nehmen Sie lieber einen kurzen Fußmarsch in das Viertel North Beach (▸ S. 40) in Kauf, wo Sie unter zahlreichen Lokalen aller Preiskategorien wählen können.

seinen Fahrten zwischen Europa und den USA das Kap Hoorn.

Winke-Winke mit der Flosse

Hören Sie entfernt wildes Gebell? Folgen Sie dem Lärm in östlicher Richtung. Auf den groben Bretterdielen von Pier 39 marschieren Sie auf das Karussell zu, dann links halten und tief einatmen. Immer noch kein tierisches Kribbeln in der Nase? Dann ist mit Ihrem Riechorgan etwas nicht in Ordnung. Oder die vorlauten, stinkenden Hafenbesetzer sind auf Tour. Wie schon mehrere Male, seit eine **Seelöwenkolonie** **7** die Bootsstege im Herbst 1989 okkupierte. San Francisco hatte nach dem Loma Prieta-Erdbeben eine Dosis Spaß bitter nötig. Eine stattliche Gang von Schwergewichtlern machte sich auf schwimmenden Plattformen breit und fühlte sich fortan wie zu Hause. Auch von Schaulustigen lassen sich die rüpelhaften Fettwanste bei ihren Revierkämpfen nicht stören. Sobald die ersten Geschäfte die Rollläden hochziehen und die Junk Food-Welle zum Tsunami wird, verkrümeln Sie sich besser. Es ist ja nicht so, als hätte San Francisco sonst nichts zu bieten.

Schon mehr als einmal haben die Seelöwen am Pier 39 nach wochen- oder monatelanger Abwesenheit ihr Comeback gefeiert.

Wenn Sie Pech haben, ist der Stammplatz der **Seelöwenkolonie** am Pier 39 verwaist. Schon mehrmals sind die Tiere für eine gewisse Zeit verschwunden. Schlüssige Erklärungen dafür gibt es nicht. Kalte Pazifikströmung mit reichlich Futter, die sie nach Norden lockte? Schwindende Heringsvorkommen? In Sausalito gibt es ein Hilfezentrum, das schon Hunderte vom Verhungern bedrohte Babies hochpäppelte. Oder doch von Kieselalgen verursachte Vergiftungen, die den Tieren die Orientierung rauben? Bislang sind die pelzigen Entertainer nach jedem Streifzug in die Fremde wieder auf die heimische Showbühne zurückgekommen. Hoffentlich bleibt das so!

9

Wo Al Capone auf dem Banjo zupfte – **Alcatraz**

Schon einmal ›gesiebte Luft‹ geatmet? Auf der Gefängnisinsel in der Bucht von San Francisco können Sie in einer 1,52 m breiten und 2,74 m langen Einzelzelle ›probesitzen‹. Wie schon die berüchtigtsten Schwerverbrecher Amerikas. Oder Sie finden heraus, warum der Superknast mit seiner erbarmungslosen Geschichte Filmemacher, Literaten und Songtexter inspirierte. Schaudern und Gänsehaut-Feeling inklusive.

Man fragt sich, warum der Promiknast auf Alcatraz Island zu einer solchen Sehenswürdigkeit geworden ist. Wahrscheinlich liegt das an den aufrüttelnden Gänsehautgeschichten, die The Rock zu erzählen hat.

Alcatraz war in den Jahren 1934 bis 1963 Amerikas gefürchtetstes Bundesgefängnis – ausbruchsicher, erbarmungslos, höllisch. Wer in anderen Vollzugsanstalten nicht zu bändigen war, sich einen Namen als Ausbrecherkönig verdienen wollte oder Wärter bestach, wurde auf der Winzlingsinsel auf Dauer einquartiert. Verkehrte Welt.

Früher wollten von dort alle weg, heute wollen alle hin. 1,4 Mio. Besucher pro Jahr betreten an der **Schiffsanlegestelle** 1 den Knastfelsen.

Horror hinter Gittern

Auf Schritt und Tritt ist hinter dem Eingang im **Zellenblock** 2 die Vergangenheit ein ständiger Begleiter. War das eine ins Schloss fallende Metalltür? Oder die Trillerpfeife eines Wächters? Vielleicht das Rasseln von Fußfesseln eines Häftlings hinter den Gitterstäben? Oder schabt sich einer mit einem Blechlöffel seinen Weg durch die marode Zellenwand in die Freiheit? Die Freiheit! Nur 1200 m oder 12 Schiffsminuten entfernt liegt die Traumstadt San Francisco mit allen Verführungen, die sich ein Lebenslanger vorstellen kann. Darin muss die eigentliche Grausamkeit des Hochsicherheitsknastes bestanden haben, der auch um andere Schrecken nicht verlegen war.

Als Beweis dafür dienen die sogenannten Dungeons (Kerker) im Kellergeschoss unter den Blocks A und D. Mehrere Tage Isolationshaft sollten jene zur Vernunft bringen, die nicht spurten.

ÜBRIGENS

Lust auf schräge Mitbringsel? Im Souvenirladen auf Alcatraz Island gibt es Kopien von Wärterabzeichen, Schließerpfeifen und Blechtassen mit einschlägigem Aufdruck. Selbst im Bad muss man auf Knasterinnerungen nicht verzichten. Die Häftlingsseife auf Olivenbasis kostet 4,95 $ (http://store.parksconservancy.org/ALCATRAZ-s/1824.htm).

Größer kann der Kontrast kaum sein. In den Zellenblöcken starrt man durch metallene Gittertüren. Draußen auf der Insel blühen in den Gärten Wildblumen, nisten Wildvögel wie Meerscharben, West- und Kaliforniermöwen, Nacht- und Schmuckreiher. Verrückte Welt!

F
FILME

Wer noch nie seinen Fuß auf Alcatraz Island setzte, kennt den Knast vermutlich trotzdem. 1962 kam der Film »Der Gefangene von Alcatraz« in die Kinos. Er erzählt die erstaunliche Lebensgeschichte vom ›Vogelmann‹ Robert Stroud. So sympathisch wie Burt Lancaster den mehrfachen Mörder spielte, soll der gewalttätige und extrem schwierige Stroud allerdings nicht gewesen sein. Ein Jahr später folgte der Streifen »Flucht von Alcatraz« des Regisseurs Don Siegel mit Clint Eastwood in der Hauptrolle. Als Sean Connery zusammen mit Nicolas Cage 1996 »The Rock – Fels der Entscheidung« drehte, ließ er auf der Insel eine Hütte bauen, um sich die täglichen Überfahrten von und nach San Francisco zu ersparen.

Oder die Nacktzelle im berüchtigten **Block D** **3**, das ›Loch‹ genannt. Ohne Kleidung vegetierten die Häftlinge vor sich hin, schliefen auf nacktem Zementboden und bekamen die ersten drei Tage keinen Bissen. Kein Licht, kein Klo, kein Waschbecken. Man fühlt sich an das Verlies des Grafen von Monte Cristo erinnert. Einen zivileren Eindruck macht der **Speisesaal** **4**, eingerichtet wie am 21. März 1963, als die letzten Häftlinge die Insel verließen und The Rock, wie der Knast hieß, geschlossen wurde. An der Wand hängt eine Schiefertafel und gibt über die letzte Mahlzeit Auskunft: »Rühreier, Müsli, Toast, Brot, Butter«. An Weihnachten ließ sich die Gefängnisverwaltung nicht lumpen und servierte gebratenen Truthahn mit kandierten Süßkartoffeln, Erbsen, Kartoffelbrei und warmen Apfelkuchen mit Eiscreme.

Flucht von der Teufelsinsel

Ob jemals ein Gefangener Alcatraz unautorisiert verließ und den Ausbruch lebend überstand, ist umstritten. Zwei Bankräuber schafften es offenbar. Jedenfalls wurden sie nie entdeckt, auch nicht als Leichen. Die vergrößerten Lüftungsschächte, die sie durch ihre Zellenwände gruben, sind heute noch genauso zu sehen wie die aus Zementstaub, Seife, Klopapier, Haaren und Farbe geformten Nachbildungen ihrer Köpfe, die sie in ihre Betten legten, um die Wärter auszutricksen. Selbst für damalige Zeit ausgeklügelte technische Raffinessen wie elektrisch gesicherte Tore und Metalldetektoren konnten sie auf ihrer Flucht in einem aus über 50 Regenmänteln gefertigten Boot nicht stoppen. Das eisige Pazifikwasser, die tückische Strömung und die gefräßig Weißen Haie in der Bucht ebenfalls nicht.

Alcatraz-VIPS

Von insgesamt 378 Zellen waren im Schnitt etwa zwei Drittel von Kidnappern, Räubern, Deserteuren und Mördern belegt. Darunter befanden sich Promis wie der in der Prohibitionszeit aktive Machine Gun Kelly. Er stammte aus einer begüterten Familie in Tennessee und saß bis 1934 in Reihe 2 von Block B. Seinen Namen verdankte er einer Thompson-Maschinenpistole, mit der er etwa der Entführung eines Industriellen Nachdruck verlieh. Ein berüchtigter Knastkollege war Mafiaboss ›Scarface‹ Al Capone, den die Justiz nicht wegen seiner zahlreichen Verbrechen, sondern wegen Steuerhinterziehung zu viereinhalb Jahren verurteilte. Hatte er früher seine Finger häufig am Abzug von Schusswaffen, so zupfte er in Alcatraz damit die Saiten eines Banjos, wenn seine Knastband ›The Rock Islanders‹ bei Sonntagskonzerten auftrat. Nicht mit Musik, sondern mit Ornithologie vertrieb sich Robert Stroud die Langeweile während seiner mehr als 50-jährigen Haft. Durch sein Studium von Fachliteratur wurde er im Knast zu einem anerkannten Vogelkundler, dessen Lebensgeschichte verfilmt wurde.

Auf dem **Wasserturm** `5` prangt in großen, roten Buchstaben »Peace and Freedom. Welcome. Home of the Free Indian Land«. 2013 ließ die Verwaltung das Graffiti auffrischen, das an den November 1969 erinnert. Damals besetzten ca. 80 Indianer in einer Nacht- und Nebelaktion das leerstehende Gefängnis, um gegen die Indianerpolitik der US-Regierung zu protestieren. Nach 19-monatiger Besetzung eroberten bewaffnete US-Marshalls und FBI-Agenten die Insel zurück.

INFOS/ÖFFNUNGSZEITEN

Alcatraz Cruises:
Pier 33, Alcatraz Landing, T 1-415-981-7625, www.alcatrazcruises.com, Abfahrten 8.45–15.50 Uhr, Tagestouren ab 12 J. 31 $.
Am besten reserviert man die Tickets im Sommer einige Tage im Voraus. Ausweispflicht.

EXTREM SCHMALE KÜCHE

Auf Alcatraz Island gibt es keine Verpflegungsmöglichkeit. Außer Wasser darf bei einer Besichtigung der Gefängnisanlagen nichts Konsumierbares mitgenommen werden (Wasserverkauf in allen Buchläden auf der Insel).

Auf den Schiffen, die zwischen Festland und Insel pendeln, werden Snacks und Getränke angeboten. Bier und Wein gibt es nur auf der Rückfahrt.

Cityplan: nördl. K 1 | **Schiff** Verbindungen mit Alcatraz Cruises

10

Tresenputzen auf dem Cocktail Trail – **Marina**

Nachtschwärmer, Feierwütige, Kneipenhocker, Partytiere, Cocktailexperten, Feinschmecker, Bonvivants – die Kneipen-, Restaurant- und Partyszene in Marina ist so bunt wie die Lichter einer Discokugel. Wenn Sie nicht auf dröge Abende auf dem Hotelzimmer erpicht sind, sollten Sie es mit einem nächtlichen Streifzug durch den pulsierenden Stadtteil versuchen.

Drei Tipps für eine Nachtschwärmertour. Erstens: Wählen Sie Freitag oder Samstag. Da ist am meisten los. Zweitens: Halten Sie sich im sogenannten Marina Triangle an den Bars fest. Drittens: Nach einem Parkplatz müssen Sie erst gar nicht suchen. Die Mühe wäre vergebens.

17. Oktober 1989. Stahlblauer Himmel mit einer Überdosis Sonnenschein. Punkt 17.04 Uhr schüttelte das Loma Prieta-Erdbeben die Stadt 15 Sekunden lang mit einer Stärke von 6,9. Von Toten und Schäden war vor allem der Stadtteil Marina betroffen. Viele ältere Einwohner und Geschäftsleute zogen nach der Katastrophe weg. Eine jüngere, dynamischere Generation peppte den kleinstädtisch wirkenden Stadtteil auf und machte ihn zur angesagten Boutiquen- und Partyzone. Kein Ballermann-Rummel, eher ein trendiger Szene-Spot.

Urbane Watering Holes

»Du weißt nicht, was man unter *pub crawl* versteht?« Dem Kerl mit dem Cocktailglas in der Hand springt Fachwissen geradezu aus dem Gesicht. »Gemeinsamer Kneipenbesuch mit dem Ziel, sich einen hinter die Binde zu kippen«. Während er kichernd einen Schluck nimmt, ergänzt ein anderer. »Vier Kneipen sind beim *pub-crawl* das Minimum!« In Marina gibt es Lokale unterschiedlicher Kategorien wie Sand am Meer: Sportbars mit Monitoren für Baseball- und Footballübertragungen, durchgestylte Cocktail-Lounges für knitterfreie Rendezvous, coole Clubs mit schummriger Beleuchtung, urige Pubs für lärmende Wochenend-Partys und Nachtclubs für Gäste, die Smartphones und Tablets wie Survival Kits mit sich tragen.

Tresenputzen

Ein Startpunkt für eine Nachtschwärmertour ist **Marina Triangle** ❶, bei Eingeweihten auch unter dem Namen Bermuda Dreieck bekannt. Bei Tag handelt es sich um den unaufgeregten Schnittpunkt von Fillmore und Greenwich Street, nach Sonnenuntergang wird daraus das Epizentrum der lokalen Partyzone, wenn die Karawane der Durstigen und Vergnügungssüchtigen von einer Tür zur anderen zieht, wobei es beim Stop-and-Go im Freien fast so chaotisch zugeht wie bei den Bier- und Cocktailschlachten innerhalb der einzelnen Etablissements.

Könnte sein, dass eine 12 inch große Romeo & Julia mit Buttermilchsoße, brasilianischem Hähnchen und Broccoli in der **Pizza Orgasmica & Brewing Co.** ❷ eine solide Grundlage für einen Zug durch die Gemeinde bildet. Als alkoholische Ouvertüre bietet sich ein deutsches Kölsch (!) oder Weizenbier an, das in zwei Variationen auf den Tisch kommt. Das Himbeer-Weizen zielt am Geschmack von deutschen Tresenpuristen vermutlich ziemlich weit vorbei.

Wäre Ihnen eine etwas elegantere Atmosphäre lieber, lassen Sie sich im **Balboa Cafe** ❸ nebenan zwischen holzgetäfelten Wänden Jakobsmuscheln oder Schweinekoteletts servieren. Allerdings müssen Sie tiefer ins Portemonnaie greifen. Gegenüber ›tarnt‹ sich das **Eastside West** ❹ tagsüber als Seafood-Restaurant mit Austernbar. Nach

▶ INFOS

Über Events, Konzerte usw. kann man sich auf den Internetseiten des San Francisco Weekly (www.sfweekly.com) und des San Francisco Bay Guardian (www.sfbg. com) informieren. Auch die Sonntagsausgaben des San Francisco Examiner (www.sfexaminer. com) bzw. San Francisco Chronicle (www.sfchro nicle.com) sind hilfreich

Alkoholkonsum ist erst ab 21 Jahren erlaubt. Auch wer älter ist, muss damit rechnen, sich ausweisen zu müssen. Restaurants, Nachtclubs und Bars haben im allgemeinen eine Schankerlaubnis bis 2 Uhr. Um diese Zeit schließen auch in Marina alle Lokale.

Cityplan: G/H 2/3 | **Cable Car** Linie Powell-Hyde, **MUNI** mehrere Buslinien

EIN BISSEN ZUM AUFTAKT

Zwei Lokale liegen am Marina Triangle. Für ›Otto Normalverbraucher‹ eignet sich **Pizza Orgasmica & Brewing Co.** (3157 Fillmore St., T 1-415-931-5300, www.pizzaorgasmica.com, tgl. ab 11 Uhr).
Etwas gepflegter geht es im **Balboa Cafe** zu (3199 Fillmore St., T 1-415-921-3944, www.balboacafe.com, tgl. ab 11 Uhr).

UND LOS GEHT ES

Eastside West: 3154 Fillmore St., T 1-415-885-4000, http://eswsf.com, Di/Mi 16–23, Do/Fr 16–2, Sa 11–2, So 11–20 Uhr.
Matrix Fillmore: 3138 Fillmore St., T 1-415-563-4180, www.matrixfillmore. com, Mi–So 18–2, Mo 22–2 Uhr, Di Ruhetag.
Bar None: 1980 Union St., T 1-415-409-4469, Mo–Fr 16–2, Sa/So 12–2 Uhr.
Blue Light: 1979 Union St., T 1-415-922-5510, Mo–Fr 16–2, Sa/So 9–2 Uhr
Monaghan's: 3243 Pierce St., T 1-415-872-7916, Mo 16–2, Di–Fr 14–2, Sa/So 12–2 Uhr.
Marina Lounge: 2138 Chestnut St., T 1-415-922-1475, tgl. 7.30–2 Uhr.

FÜR DEN TAG DANACH

Fort Mason Center Farmers' Market: Marina Blvd., Fort Mason, www. cafarmersmkts.com/fort-mason-center-farmers-market, So 9.30–13.30 Uhr.

Einbruch der Dunkelheit verwandelt sich das Lokal in einen Szenetreff für Cocktailliebhaber, die sich zu ihrem Drink Hip-Hop-Musik vom DJ oder Live Jazz gönnen. Nur ein Geldautomat trennt das

Haus vom benachbarten **Matrix Fillmore**  mit einer abweisend dunklen Einfaltsfassade, hinter der man eine Steuerberaterkanzlei, aber nicht unbedingt eine Cocktail Lounge vermutet.

Stadteinwärts verteilen sich entlang der Union Street mehrere Clublokale wie die **Bar None** , ein unkomplizierter Laden mit Pool-Tischen, Dart und Videospielen, ein idealer Ort für College-Studenten, um in Gesellschaft einiger Krüge Bier zu versumpfen. Die dürftige Innenbeleuchtung lässt vermuten, dass die Betreiber ihre Stromrechnungen ungern bezahlen. Ähnlich locker geht es in nur wenige Schritte entfernten **Blue Light** an der Mahagonibar zu, vor allem jeden Taco-Dienstag, wenn Sparfüchse wegen der mexikanischen Snacks für 1,50 \$ und der Bierangebote für 3 \$ anrücken.

Falls Sie zwischen den ca. 400 Boutiquen, Restaurants, Bars und Clubs entlang der Union Street nichts nach Ihrem Geschmack finden, versuchen Sie es in der näheren Umgebung der Chestnut Street. Zwischen meist zweigeschossigen Nagelstudios, Tiefgaragen, Klamottenläden, Massagestudios und Bankfilialen wurde **Monaghan's** nach ziemlich wilden Jahren zum zweiten Wohnzimmer einer etwas älteren und kultivierteren Kundschaft. In der **Marina Lounge** könnte ein unerfahrener Barkeeper Probleme haben, zwischen all den Sporttrophäen wie Trikots, Baseballmützen und Schutzhelmen die richtige Schnapspulle zu finden.

Falls Sie sich durch weitere *watering holes* hangeln und am nächsten Morgen eine brauchbare Entschuldigung benötigen, sagen Sie einfach, Sie hätten sich im Bar- und Kneipendschungel von Marina verirrt. Das glaubt Ihnen jede(r).

Am Tag ein hübsches Wohn- und Einkaufsviertel, verwandelt sich Marina nach Sonnenuntergang in ein lichterglänzendes Amüsierviertel.

→ UM DIE ECKE

Tolle Atmosphäre, internationale Spezialitäten, gute Drinks und jede Menge Besucher. Jeden Freitagabend verwandelt sich der Campus im Fort Mason mit zahlreichen Food Trucks, einem Dutzend Zelten, einer Cocktail- und Weinbar und einem Bierausschank in die erstklassige Gourmetmeile **Off the Grid** . Kulinarische Verführungen reichen von mexikanischen Tacos über vietnamesische Nudelgerichte und hawaiianische Delikatessen bis zum burmesischen BBQ. DJs bzw. Live Bands sorgen für den musikalischen Nachtisch (jeden Freitag 17–22 Uhr).

T
THE DAY AFTER

Nach einer langen Kneipennacht hilft bei der Wiederherstellung körperlicher Vitalfunktionen frisches Obst vom **Fort Mason Center Farmers' Market** .

11

High Snobility –
Nob Hill und Billionaire's Row

Rom hat sieben, San Francisco 44 Hügel. Einer davon ist Nob Hill, nicht der höchste, aber der nobelste. Der gepflegte Lebensstil hinter viktorianischen Fassaden hat Tradition. Gegen Ende des 19. Jh. hielten hier schwerreiche Eisenbahnkönige und Goldrauscharistokraten in protzigen Palästen Hof. Heute siedeln sich die Dotcom-Rockefellers und Startup-Vanderbilts aus dem Silicon Valley im Stadtteil Pacific Heights an.

Unverkennbar diente die Pariser Kathedrale Notre Dame der Grace Cathedral als Vorbild. Mit einem wichtigen Unterschied. In der Fensterrose sind keine religiösen, sondern mit Persönlichkeiten wie Franklin D. Roosevelt, Albert Einstein und Henry Ford weltliche Motive abgebildet.

Im **Huntington Park** 1 erinnert der Schildkrötenbrunnen mit nachts farbig illuminierten Nymphenfiguren an sein römisches Vorbild. Wo sich heute die grüne Oase ausdehnt, befand sich bis zum Erdbeben im Jahr 1906 die Villa von Collis P. Huntington. Die Naturkatastrophe ließ von diesem Stadtteil leider nicht viel übrig, auch nicht vom Prunkbau des Eisenbahnbarons,

dessen Witwe den heutigen Park der Stadt ver-
machte.

Einer philanthropischen Geste verdankt auch
die neugotische, 1964 nach dem Vorbild von
Notre Dame in Paris fertiggestellte **Grace Cathedral** 2 ihre Existenz. Der Bauplatz war ursprünglich Teil des Grundbesitzes von Charles Crocker,
dem man alles, aber keine soziale Ader vorwerfen konnte. Zusammen mit Huntington, Leland
Stanford und Mark Hopkins zählte er zu den be-
rühmt-berüchtigten ›Big Four‹. Die trickreichen
Raubritterkapitalisten erwirtschafteten mit dem
Eisenbahnbau zwischen 1863 und 1869 gigantische Vermögen, skrupellose Geschäftspraktiken,
Bestechung und Betrug inklusive. Crocker brach-
te für den Bau seiner Residenz einen ganzen Stra-
ßenblock in seinen Besitz. Als ein Anwohner sich
weigerte zu verkaufen, ließ Crocker das Anwesen
auf drei Seiten von einem 12 m hohen Zaun umgeben. Der Nachbar kapitulierte entnervt.

*Auf dem Nob Hill
renommieren viele
Straßenzüge mit deko-
rativen Hausfassaden im
viktorianischen Stil, mit
hübschen Erkern und
bunten Anstrichen.*

Architektur-Hopping

In Anbetracht der gehobenen Preise bietet sich
bei der Hoteltour um den Huntington Park keine Übernachtung an. Aber einen Blick riskieren
sollte man schon. Im Beaux-Arts-Palast **Fairmont
San Francisco** 3 öffnet sich hinter der Granit- und
Marmorfassade eine fürstliche Eingangshalle mit
massiven Marmorsäulen. Dazwischen feierten
1945 Diplomaten aus aller Welt die Gründung
der Organisation UNO. Weniger opulent, im ält-
lichen Charme, kommt das Lobby des 1925 im
Art-Deco-Stil erbauten **InterContinental Mark
Hopkins** 4 daher. Ein Überbleibsel aus der Zeit
vor dem großen Erdbeben 1906 ist die ehemalige
Residenz des Silberbergwerkkönigs James Flood
aus dem Jahr 1886. Der **Pacific-Union Club** 5
ist Domizil eines elitär-bornierten Herrenclubs,
der sein Pascha-Image auf die Spitze treibt. Nur
handverlesen werden Ehefrauen von Mitgliedern
zu speziellen Events eingeladen. Und müssen den
Sandsteinpalast durch einen Hintereingang (!)
betreten.

Im südpazifischen Tonga
Room des Fairmont
Hotels kommt bei einem
Pineapple Royal oder
einem Singapore Sling
für 12 $ pünktlich
alle fünfzehn Minuten
Inselatmosphäre pur
auf. Dann überfällt den
Pool mitten im Lokal ein
inszeniertes Tropenge-
witter, Regen und Thea-
terdonner inklusive. Die
Gäste bleiben trocken,
zumindest äußerlich.

Viktorianischer Zauber

Westlich von Nob Hill schließt sich der Stadtteil
Pacific Heights an. Bougainvillea-Kaskaden in
allen Regenbogenfarben, viktorianische Haus-

Die High-Tech-Revolution im Silicon Valley hat dem Großraum San Francisco Zigtausende hoch dotierte Arbeitsplätze beschert. Die Folge: Spekulanten, die ganze Blocks für Luxusvermietungen fit machen und Eigentümer, die längjährige Mieter kündigen, um vom Boom zu profitieren. Kosten von über 2700 $ für eine kleine Zweizimmerwohnung sind üblich. Ein Dorn im Auge sind vielen die schick ausgestatteten Dotcom-Busse, die für Normalsterbliche verboten sind, aber öffentliche Haltestellen in Anspruch nehmen und so für Staus sorgen. Internetriesen wie Google und Facebook sollen bereits darüber nachdenken, ihre Angestellten auf dem Wasserweg zwischen Stadt und Silicon Valley zu transportieren. Manche Kreise diskutieren, was mit San Francisco passiert, wenn die High Tech-Blase platzt. Andere hoffen darauf.

An Straßen so steil wie Hausdächer herrscht in San Francisco kein Mangel. Hie und da kommt richtiges Achterbahnfeeling auf, wenn sich von einer Kuppe plötzlich der Blick ›ins Tal‹ auftut.

fassaden, gut situierte Bürgerlichkeit von den Türschwellen bis zu den Dachrinnen. Das 1886 für einen bayerischen Auswanderer erbaute **Haas Lilienthal House** 6 sticht als Schönheit im Queen Anne-Stil mit einer asymmetrischen Konstruktion, einem runden Turmaufsatz, Spitzgiebeln, Balkonen und Erkern heraus, als habe sich der Zauberer von Oz eine Stadtresidenz errichtet. Zwei Erdbeben hat das aus Redwood und Fichte errichtete Märchendomizil unbeschädigt bis auf einen kleinen Riss in der Wand überstanden. Dass die Oberen Zehntausend in San Francisco im späten 19. Jh. einen kultivierten Lebensstil pflegten, demonstriert jeder der original eingerichteten Räume.

Showmeile des IT-Geldadels

Auf Höhe des Lafayette Parks drängt sich dem neugierigen Blick das 55 Zimmer große **Spreckles Mansion** 7 von 1912 auf, in dem die Bestsellerautorin Danielle Steel einen Teil ihrer bis heute über 80 Herz-Schmerz-Romane verfasste. Einen guten Stand hat sie in der Nachbarschaft allerdings nicht. Kaum verwunderlich, wenn man bedenkt, dass sie um ihren Beaux-Arts-Kalksteinpalast als Sichtschutz eine gewaltige Hecke ziehen und öffentliche Parkplätze für sich und ihre Gäste reservieren ließ.

Auch an der so genannten **Billionaire's Row** 8, wo der schnelle Dollar aus dem Silicon Valley auf

Cityplan: G–K 3/4 | **Cable Car** California Street-Linie

INFOS/ÖFFNUNGSZEITEN

Grace Cathedral 2: 1100 California St., T 1-415 749-6300, www.grace cathedral.org, Mo–Fr 7–18, Sa 8–18, So 7–19 Uhr. Turmbesteigung nur im Rahmen von Führungen.

Fairmont San Francisco 3: 950 Mason St., T 1-415-772-5000, www. fairmont.de/san-francisco. Tonga Room So, Mi/Do 17–23.30, Fr/Sa 17–0.30 Uhr, www.tongaroom.com.

InterContinental Mark Hopkins 4: 999 California St., T 1-415-392-3434, www.intercontinentalmarkhopkins.com.

Haas Lilienthal House 6: 2007 Franklin St., T 1-415-441-3000, www.sfheri tage.org/haas-lilienthal-house, Führungen Mi–Sa 12–15, So 11–16 Uhr, 8 $.

EIN BISSEN ZWISCHENDURCH

Eine Hälfte des Diners **The Grubstake** 1 befindet sich in einem Eisenbahnwaggon, der früher auf der Schiene zwischen Berkeley und Oakland verkehrte. Auf den Tisch kommen u. a. portugiesische Spezialitäten wie Bacalhau à Gomes de Sà (Kabeljau 18 $) und Costeletas de Porco à Alentejana (Schweinekoteletts 19 $), 1525 Pine St., T 1-415-673-8268, www.sfgrubstake. com, Mi–So 17–4 Uhr.

fruchtbaren Boden fiel, sind die nachbarschaftlichen Verhältnisse nicht vom Feinsten. Oberflächlich betrachtet könnte man den Grund dafür in Neid und Missgunst suchen. Denn am westlichen Broadway reihen sich zwischen Divisadero und Lyon Street Millionen teure, mit allen Schikanen ausgestattete Märchenpaläste aneinander. In Wahrheit handelt es sich aber wohl eher um den Widerstand gegen die grassierende Gentrifizierung in der Stadt, wodurch bezahlbarer Wohnraum immer knapper wird. Die Schuld dafür suchen viele nicht nur bei Dotcom-Millionären und Startup-Aristokraten, sondern auch bei den hoch bezahlten Mitarbeitern von Google, Facebook, Yahoo und Apple, die die Mietpreise in den letzten Jahren kräftig in die Höhe trieben.

▶ **BEQUEMER AUFSTIEG**

Die California Street-Linie macht den Aufstieg auf den Nob Hill mit dem Cable Car einfach. Die Bahnen halten direkt vor der Grace Cathedral.

12

Früher Bootcamp, heute Outdoor-Oase – **Presidio**

Begeistern Sie sich für cooles City-Life, hätten aber auch gerne einen ruhigen Zufluchtsort in der Nähe, um in freier Natur ein paar Stunden vom urbanen Trubel auszuspannen? Bis 1994 war das im Stadtgebiet liegende Presidio ein historischer Militärstützpunkt, der nach dem Abschied der Generäle zum Nationalpark wurde. Seither teilen sich Parkranger und Naturschützer die grüne Oase mit Hikern und Bikern.

Ein dramatischeres stadtnahes Surfrevier als die Bucht von San Francisco unter der Golden Gate Bridge bei Fort Point ist kaum vorstellbar. Kein Platz für blutige Anfänger, eher für routinierte Adrenalinjunkies.

Sechs Quadratkilometer Wald und Wiesen, hie und da zwischen den Baumkronen hindurch ein Blick auf die Golden Gate-Brücke. Das Presidio ist kein Nationalpark im Sinn von unberührter Natur und Zivilisationsferne. In der reizvollen Landschaft verteilen sich ca. 800 Gebäude, die früher als Offiziersunterkünfte, Kantinen und Kasernen dienten, ehe sie in Firmenfilialen, Museen, Restaurants und Freizeiteinrichtungen umgewandelt wurden. Seit Jahren arbeiten Umweltaktivisten daran, die frühere Militärbasis in ein urbanes Naherholungsgebiet umzuwandeln. Das Zauberwort heißt Renaturierung.

Naturerlebnis Wasserkante

Wo das Presidio an die Bucht von San Francisco grenzt, liegt mit **Crissy Field** [1] der ehemalige Airport des Stützpunktes. Seit der Abtragung sämtlicher Landebahnen landen dort längst keine Flugzeuge mehr, sondern langbeinige Wasservögel, die in der wiederhergestellten Marschlandschaft nach Futter suchen. Radfahrer strampeln auf der Golden Gate-Promenade gegen die ständigen Böen, Windsurfer erholen sich auf den Rasenflächen vom Kampf gegen die ungestüme Brandung. Es gibt auch Besucher, die nur an der Wasserkante entlang flanieren und den atemberaubenden Blick auf die Golden Gate Bridge genießen. Crissy Field ist zwar auch ein offizieller Strand. Wer nicht von Pinguinen oder Eisbären abstammt, wird aber auf ein Bad verzichten, ein Kajak mieten oder den gut 2 km langen **Crissy Field Trail** [2] um eine Salzmarsch herum unter die Füße nehmen. Wissenschaftliche Untersuchungen in den 1970er-Jahren an den vor Ort lebenden Braunen Pelikanen trugen dazu bei, das Insektizid DDT in vielen Ländern zu verbieten.

Ein Blick mit Erinnerungswert

Von Crissy Field sollten Sie unbedingt Richtung Golden Gate Bridge bis zur **Fort Point National Historic Site** [3] spazieren. Nicht wegen der historischen Befestigungsanlage, die sich unter den südlichen Brückenbogen duckt, sondern wegen deren Lage. Vom Vorplatz haben Sie einen atemberaubenden Blick auf die häufig vom Pazifik heranrollenden grüngrauen Schaumkämme und die sich darüber spannende Golden Gate-Brücke hinüber nach Marin County. Wenn bei ihrer Stippvisite der Wind Nebelfetzen durch die Meerenge treibt, wirkt die Szenerie geradezu gespenstisch. Dramatischer kann die Kulisse für ein Selfie kaum sein.

Per pedes unterwegs

Emsige Hände sammeln in der **Presidio Nursery** [4] Jahr für Jahr über eine Million Samen und Setz-

Berühmt gemacht hat Fort Point der 1958 gedrehte Hitchcock-Thriller »Vertigo«. In einer Szene stürzt sich Madeleine (Kim Novak) in Selbstmordabsicht in die eiskalte Bay, wird aber von Privatdetektiv Scottie (James Stewart) gerettet. Natürlich wurde beim Dreh geschummelt. Statt Kim Novak musste für den Stunt ein Double herhalten, das nicht direkt in die Bay, sondern aus Sicherheitsgründen auf einen auf der Wasseroberfläche ausgebreiteten Fallschirm sprang. Stewarts Landgang mit seiner Kollegin auf den Armen wurde nicht im Freien, sondern in einem Becken im Studio gedreht. Bemerkenswert: Während der Rettungsaktion trägt Kim Novak immer noch ihre High Heels.

GUTE TAT

Auf dem Platz vor der Befestigungsanlage Fort Point liegt der Wendepunkt der Joggermeile, die an der Küstenlinie von Crissy Field entlangführt. Unter die Freizeitsportler mischte sich bis zu seinem Tod 2014 häufig der Schauspieler Robin Williams, der sich dort ein ›Denkmal‹ setzen ließ. Er spendete eine öffentliche Toilette, die es dort bis dahin nicht gab.

linge Hunderter Spezies für Aufforstungs- und Bepflanzungsprojekte. Vorarbeit leisteten die Militärs in den 1880er-Jahren. Auf Sandflächen und Dünen ließen sie einen 120 Hektar großen, aus 60 000 Eukalyptusbäumen, Kiefern und Zypressen bestehenden Wald anpflanzen. Nicht weil sie sich wie Urgroßväter der Ökobewegung gebärdeten, sondern weil sie ihre Militäreinrichtungen gegen den permanenten Wind schützen wollten. Durch diesen Forst verläuft ein lokaler Abschnitt des fast 600 km langen **Bay Area Ridge Trails** **5**, der um die gesamte San Francisco-Bucht herumkurvt und im Presidio an mehreren schönen Aussichtspunkten vorbeiführt. Zu den attraktivsten Pfaden gehört der parallel zur Küste verlaufende gut 1 km lange **Batteries to Bluffs Trail** **6**, den man mit dem bis zur Golden Gate Bridge führenden **Coastal Trail** **7** verbinden kann. Nirgends im Presidio sind die Ausblicke auf die Brücke, den Pazifik und Marin County beeindruckender. Auf dem sandigen Untergrund sind Beifuß, Wucherblumen, Gelbe Sand-Verbenen und Traubenkraut ganz in ihrem Element.

Baker Beach

San Franciscos Pazifikküste hat einen großen Nachteil: das Meer. Das gilt etwa für den 1,5 km langen **Baker Beach** **8** an der Südwestflanke des Presidio. Badewannenwarme Fluten? Von wegen! Zum knappen Bikini tragen Strandschönheiten Vollkörper-Gänsehaut. Zum Baden ist der 15 °C kalte Pazifik selbst bei Kaiserwetter eher ein Revier für Arktisbewohner, sodass auch Surfer nur gut eingepackt in Neoprenanzügen unterwegs sind.

Eigentlich mitten in der Großstadt und doch so weit von ihr entfernt. Im Presidio-Nationalpark ahnen Sie Wolkenkratzer, Verkehrsgetümmel, Krach und Hektik nicht einmal mehr, weil große Gebiete nach Abzug der Militärs zu dem zurückgekehrt sind, was das Presidio vor Jahrhunderten einmal war: Natur pur.

Cityplan: C–F 1–3 | **PresidiGo Downtown Shuttle** ab Transbay Terminal

INFOS/ÖFFNUNGSZEITEN

Presidio Visitor Center 9: 105 Montgomery St., www.nps.gov/prsf, Do–So 10–16 Uhr, T 1-415-561-4323, der Park ist rund um die Uhr geöffnet, Eintritt frei.
Presidio Trust: 103 Montgomery St., T 1-415-561-5300, www.presidio.gov.

WANDERPFADE

Bay Area Ridge Trail 5: Länge 4,5 km, Dauer 2–3 Std., einfach, www.ridgetrail.org.
Batteries to Bluffs Trail 6: Länge 1,1 km, Dauer ca. 45 Minuten, moderat, www.everytrail.com/guide/batteries-to-bluffs-trail.
Coastal Trail 7: Länge 14,3 km insgesamt, Dauer halber Tag, einfach, www.everytrail.com/guide/california-coastal-trail-san-francisco.

KULINARISCHE PAUSE

Wo Vögel trällern und salzige Meeresluft weht, schmeckt ein mitgebrachtes Vesper an einem Picknicktisch besser als ein Restaurantmenü. Noch ein Vorteil der **West Bluff Picnic Area** 10 (Long Ave.): Über seine Sandwiches hinweg hat man einen tollen Blick auf die Bucht und die Golden Gate-Brücke.
Die **Warming Hut** 1, ein umgebauter Armeeschuppen, ist mit Café und Buchladen tatsächlich ein Platz zum Aufwärmen, wenn es der Wind draußen zu toll treibt (983 Marine Dr., T 1-415-561-3042, tgl. 9–17 Uhr).

Für Strandläufer und Fotografen drängt sich der sandige Streifen dagegen geradezu auf, weil sich über die Brandung und vorgelagerte Felsen hinweg die Golden Gate Bridge im Bilderbuchformat präsentiert, ein Motiv zum Niederknien.

Aufgeknüpfter Superstar – **Golden Gate Bridge**

Was macht man mit 811 500 Tonnen Stahl, 129 000 km Kabel, 600 000 Nieten, ca. 40 000 Litern Farbe der Marke International Orange und 35 Millionen Dollar? Ganz klar, man baut eine Hängebrücke. Keine x-beliebige, sondern die Golden Gate Bridge, San Franciscos weltberühmtes Wahrzeichen.

Wenn die Arbeiter mit dem lachsroten Anstrich der Golden Gate Bridge fertig sind, können sie gleich wieder von vorne anfangen. Das Wahrzeichen von San Francisco ist seit rund 80 Jahren ein verlässlicher Beschäftigungsgarant.

Der Name Golden Gate Bridge könnte auf einen goldenen Anstrich des spektakulären Bauwerks schließen lassen. Er leitet sich aber nicht von der Farbe, sondern vom sogenannten Goldenen Tor ab, also der schmalen Einfahrt vom Pazifik in die San Francisco Bay. Der Entdecker John C. Fremont taufte die Meerenge während des kalifornischen Goldrausches auf diesen Namen, weil sie ihn an das Goldene Horn im heutigen Istanbul erinnerte.

Touristischer Dauerbrenner

Nur gefühlskalte Technokraten bezeichnen die Brücke als eine Verkehrsverbindung. In Wahrheit ist sie ein fantastisches Wunderwerk, ein Stahlgigant, der nicht wie ein Fremdkörper wirkt, sondern der Naturszenerie sogar einen reizvollen Kick verschafft. Das bleibt niemandem auf dem Weg vom einen zum anderen Ufer verborgen – egal ob mit dem Auto, dem Rad oder per pedes. Mischen Sie sich unter die 10 Mio. Fußgänger, die die Brücke Jahr für Jahr überqueren, für einen Weg brauchen Sie etwa 45 Minuten – eine Dreiviertelstunde ungläubiges Staunen über die unglaublichen Dimensionen, über knapp einen Meter dicke Hauptstahlstränge aus ca. 27 000 bleistiftstarken Einzeldrähten, über die beiden 232 m hohen Pylone, die manchmal sekundenschnell in Wattebäuschen aus kaltem Nebel verschwinden. In 67 m Tiefe unter der Fahrbahn, die hin und wieder erdbebenverdächtig schlingert und sich im böigen Wind wie eine Wäscheleine zu schütteln scheint, pflügen sich Containerschiffe aus aller Welt wie Botschafter ihrer Länder den Weg durch die eiskalten Wellenberge.

Show im Naturtheater

Haben Sie nach einem luftigen Marsch das nördliche Ende der Brücke erreicht, wartet auf dem **Vista Point-Parkplatz** **1** ein grandioser Aussichtspunkt auf Sie. Je nach Wetter und Tageszeit präsentiert sich sowohl die Golden Gate Bridge als auch die Skyline von San Francisco auf der gegenüberliegenden Halbinsel in geradezu umwerfendem Panoramaformat. Sollten Sie mit dem Auto unterwegs sein, dürfen Sie sich ein weiteres Highlight nicht entgehen lassen. Fahren Sie nach dem Parkplatz auf dem Highway 101 Richtung Sausalito. Nach einem kurzen **Tunnel** **2** nehmen Sie die Auffahrt zum Highway 101, als wollten Sie in die Stadt zurückkehren. Doch dann biegen Sie nach rechts in die bergauf führende **Conzelman Road** **3** ab. Mit jedem Höhenmeter verändert sich der Blick auf Brücke und Stadt. An mehreren Haltebuchten können Sie parken und sich ungläubig die Augen reiben.

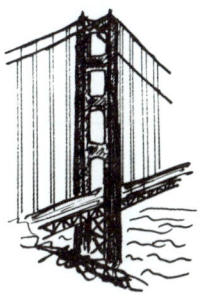

Golden Gate Bridge

D DAGEGEN

Kaum zu glauben! San Franciscos weltberühmtes Symbol rief jede Menge Gegner auf den Plan. Finanzfachleute urteilten: Unerschwinglich! Techniker warnten vor der starken Brandung, dem mächtigen Winddruck und fürchteten im Falle von Erdbeben um die Standfestigkeit der Brücke. Ästheten wie der Naturfotograf Ansel Adams sprachen von einem Missgriff, der die Schönheit der schmalen Passage zwischen Pazifik und Bucht für immer ruinieren würde (nach der Fertigstellung revidierte er seine Meinung). Fährenbetreiber sahen ihre Felle zu Recht davonschwimmen. Auch das US-Kriegsministerium war gegen die Brücke. Grund: ein potenzielles Anschlagsziel.

Die Golden Gate Bridge verdankt ihren Zauber nicht nur der dramatischen Lage am Goldenen Tor. Vor allem im Mai, Juni und Juli ziehen vormittags dichte Nebelbänke vom Pazifik in die Bucht, sodass man meinen könnte, die Spitzen der Pylonen hätten ihre Erdverbundenheit verloren.

H
HÖLLE

Die Arbeit in luftiger Höhe war nicht immer ein Vergnügen und erst recht nicht ungefährlich. Wer während der Bauzeit in den 1930er-Jahren auf der Baustelle mit Katersymptomen erschien, wurde mit Sauerkrautsaft therapiert. 19 Beschäftigten, die bei der Ausübung ihres Jobs abstürzten, rettete ein zwecks Arbeitssicherheit errichtetes Fangnetz das Leben. Verunglückte jemand tödlich, hieß das im Arbeiterjargon ›Er ist zur Hölle gefahren‹. Vom Sicherheitsnetz aufgefangene Arbeiter waren nur ›auf dem halben Weg in die Hölle‹. Die ersten zehn überlebenden Unfallopfer gründeten im Krankenhaus einen einzigartigen ›Interessenverband‹: den ›Halfway to Hell Club‹.

Highlight in Lachsfarben

Bis 1964 durfte sich die Golden Gate Bridge ›Längste Hängebrücke der Welt‹ nennen. Das Prädikat verlor sie im selben Jahr an die Verrazano Narrows Bridge in New York. Aber mehr als mit Titeln und Rekorden machte die stählerne Harfe, wie das Bauwerk angesichts eines wohlgeordneten Systems von Tragekabeln auch genannt wurde, mit ihrer Farbe Schlagzeilen. Sicherheitsfreaks beabsichtigten ursprünglich, sie zwecks besserer Wahrnehmung im häufig dichten Nebel mit schwarzen und grauen Streifen zu tünchen. Die US-Navy sprach sich für ein schwarzes und gelbes Zebramuster aus. Glücklicherweise wurde daraus nichts. Experten fanden heraus, dass ein lachsfarbener Anstrich bei allen Wetterbedingungen am besten sichtbar und die chemische Zusammensetzung von International Orange gegen Wind, Salz und Feuchtigkeit am widerstandsfähigsten war. Außerdem spielten ästhetische Gesichtspunkte eine Rolle. Dazu Chefingenieur Strauss: »Die Farbe erinnert an die Erdtöne des Grand Canyon und kontrastiert hervorragend mit den grünen Hügeln des Marin County, mit dem blauen Himmel und dem Wasser.«

Der Nord-Süd-Knoten platzt

Bis zum Bau der Brücke war die Halbinsel von San Francisco ein nach Norden blockierter Landzipfel. Für die Stadt und den gesamten Großraum bedeutete dies ein verkehrsinfrastrukturelles Hindernis, das die Entwicklung der Peninsula behinderte. Hauptsächlich das nördlich der Brücke gelegene Marin County hat durch die Verbindung über die Meerenge einen gewaltigen Schub bekommen. Heute bildet die Golden Gate Bridge, über die jährlich 41 Mio. Kraftfahrzeuge fahren, einen wichtigen Teil der an der kalifornischen Küste verlaufenden Nord-Süd-Verbindung Highway 101.

▶ BUSSE

Vom Union Square, Civic Center und Fisherman's Wharf fahren städtische GGT-Busse bis zur südlichen Brückenauffahrt (http://goldengatebridge. org/visitors/directions. php).

INFOS/ÖFFNUNGSZEITEN
Golden Gate Bridge Welcome Center **4**: Bridge Plaza am südlichen Brückenaufgang, T 1-415-426-5220, http://goldengatebridge.org/visitors, tgl. 9–18 Uhr. Informationszentrum mit Souvenirshop.
Brückenmaut: Nur in südlicher Richtung nach San Francisco wird eine Brückenmaut fällig (Pkw und Motorrad 7,25 $). Gebühren werden an den Mautstellen bei der Durchfahrt elektronisch erfasst. Keine Barzahlung. Die unkomplizierteste Variante mit einem Mietwagen ist das Mautprogramm der Mietwagenfirma (vorab vereinbaren!). Über das Autokennzeichen und den Vermieter wird automatisch abgerechnet (http://goldengate.org/tolls/german. php).

BRÜCKENPANORAMA GIBT ES GRATIS
Im seit 1938 bestehenden **Round House Café** **1**, einem runden Art-Deco-Pavillon am südlichen Brückenaufgang, kommen typisch amerikanische Klassiker wie Hot Dogs, Muschelsuppe und Apfelkuchen auf den Tisch – zum Überleben reicht das Angebot.

(Golden Gate Bridge, T 1-415-426-5220, tgl. 11–17.30 Uhr).

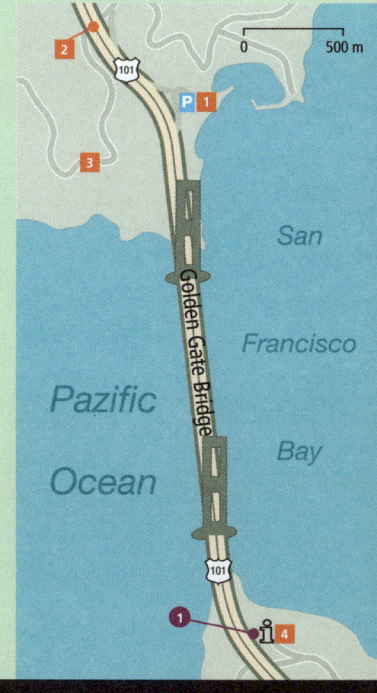

Cityplan: Karte 3 | städtische **GGT-Busse**

Shakespeare hätte seinen Spaß gehabt – **Golden Gate Park**

Was heißt da schon Park! Das ist eine herzerwärmende Stadtoase voller Duft-, Literatur-, Tier- und Bonsaigärten, angereichert mit einer Million Bäume, State-of-Art-Museen, Naturgeschichte, Ruderteichen und einem Planetarium.

Als sich William H. Hall und John McLaren im späten 19. Jh. daran machten, ein Stück unwirtliche Dünenlandschaft an der Pazifikküste in einen Park umzumodeln, zweifelte so mancher Einwohner am Verstand der beiden Planer. Spätestens 1890 hörten die Unkenrufe auf, weil bis zu diesem Zeitpunkt aus dem Ödland der Golden Gate Park entstanden war. Heute genießt das Refugium Sonderstatus. Einen morschen Baum zu fällen überlegt sich die Verwaltung zweimal, damit sie nicht Gefahr läuft, eine Bürgerrevolution auszulösen. Auf der 5 km langen und 800 m breiten Parkfläche hält die pulsierende Metropole den Atem an. Sonntags sind sogar die meisten Straßen für den Autoverkehr gesperrt. Der Mensch hat Vorfahrt.

Heinrich IV. und der Eisenhut

Beim Golden Gate Park handelt es sich um ein Puzzle aus Hügeln, Wiesen, Themengärten und Seen, ein urbanes Refugium zum Ausspannen. Auf kulturelle Anreize brauchen Sie auch nicht zu verzichten. Einen Beweis dafür finden Sie neben der California Academy of Science hinter einem

Wollen Sie den Japanese Tea Garden zu seiner schönsten Zeit sehen, legen Sie Ihren Besuch am besten auf die Monate März und April. Denn im Frühjahr präsentieren die Kirschbäume eine Blütenshow, die Ihnen in Erinnerung bleiben wird.

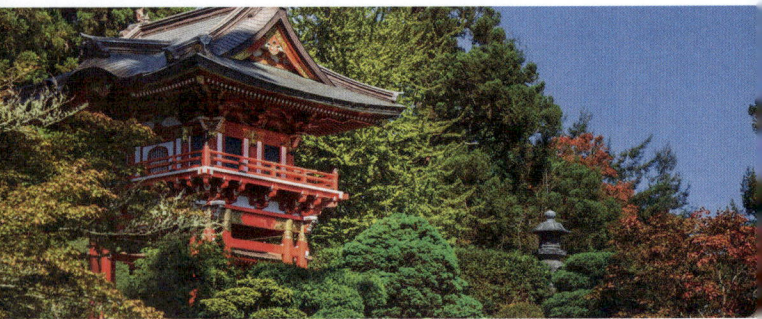

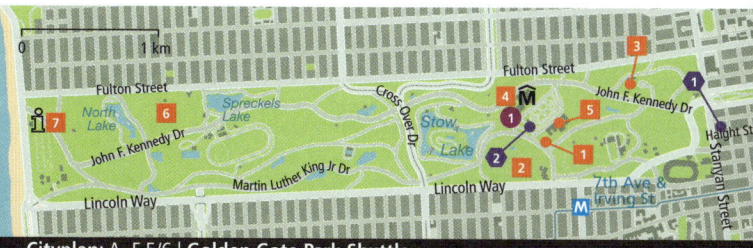

Cityplan: A–F 5/6 | Golden Gate Park Shuttle

INFOS/ÖFFNUNGSZEITEN

San Francisco Botanical Garden
2: 1199 9th Ave., T 1-415-661-1316,
www.sfbotanicalgarden.org, tgl.
7.30–16 Uhr, 8 $.
Conservatory of Flowers 3: 100
John F. Kennedy Dr., T 1-415-831-2090,
www.conservatoryofflowers.org, tgl.
außer Mo 10–16 Uhr, 8 $.
M. H. de Young Memorial Museum
4: 50 Hagiwara Tea Garden Dr., Golden
Gate Park, T 1-415-863-3330.
California Academy of Sciences 5:
55 Music Concourse Dr., Golden Gate
Park, T 1-415-379-8000, www.cal
academy.org, Mo–Sa 9.30–17, So
11–17 Uhr, 34,95 $. Das Museum bietet
ein Sleepover-Programm in mehreren
Abteilungen an, Frühstück im Academy
Café (109 $ pro Person).
Golden Gate Park Visitor's Center
7: 1000 Great Hwy, Beach Chalet,
T 1-415-751-2766, http://sfrecpark.org.

AUSZEIT

Falls der Magen knurrt, bietet sich eine
Pause im **Japanese Tea Garden 1** an.
Inmitten von Brücken, Goldfischteichen,
Pagoden und Versunkenen Gärten ge-
nießt man zu einem Genmaicha (grüner
Tee u. a. aus geröstetem Naturreis) ein
Stückchen Green Tea Cheesecake oder
ein Sandwich (75 Hagiwara Tea Garden
Dr., T 1-415-752-4227, http://japanese
teagardensf.com, Sommer 9–18, Winter
9–16.45 Uhr, 8 $).

AUF ENTDECKUNG

Golden Gate Tours & Bike Rentals
1: 1816 Haight St., T 1-415-922-4537,
www.goldengateparkbikerental.com, tgl.
9.30–18.30 Uhr, ab 14 $/2 Std.
Electric Tour Co. 2: 82 Hagiwara
Tea Garden Dr., T 1-415-474-3130,
http://electrictourcompany.com,
70 $/2,5 Std.

schmiedeeisernen Bogentor, wo sich Literatur
und Botanik zu einem nicht alltäglichen Rendezvous treffen. Im **Shakespeare Garden 1** wachsen
Pflanzenarten, die in den Werken des englischen
Dichterfürsten eine Rolle spielten, vom Schierling
und Bilsenkraut in der Tragödie »Macbeth« über
Thymian in »Othello«, Eisenhut im Historiendra-
ma »Heinrich IV.«, Schlüsselblumen, Veilchen und
Wald-Geißblatt im »Sommernachtstraum« bis zu
Narzissen, Schwertlilien und Primeln im »Winter-
märchen«. Natürlich fehlen auch Stiefmütterchen
nicht, deren Nektar laut Shakespeare Liebeszau-
berkraft entfaltet, wenn man ein paar Tropfen in
die Augen von Schlafenden träufelt. Auf diese

Mit dem **Summer of Love** erreichte die Hippiebewegung im Sommer 1967 in San Francisco ihren Höhepunkt. Begonnen hatten die Partys und Festivals, aus denen schließlich eine von bis dahin verstreuten Anhängern getragene gemeinsame Subkultur entstand, allerdings bereits im Winter, und zwar mit einem so genannten Human Be-In am 14. Januar 1967 im Golden Gate Park. Berühmte Teilnehmer waren der Guru der Bewegung Timothy Leary, der Dichter Allen Ginsberg und die Rockband The Grateful Dead.

▶ TOUREN

Im weitläufigen Park ist der **Golden Gate Park Shuttle,** der an allen wichtigen Sehenswürdigkeiten hält, die bequemste Möglichkeit (Sa/So 9–18 Uhr alle 15–20 Min., kostenlos). Alternativ können Sie bei **Golden Gate Tours & Bike Rentals ❶** ein Fahrrad mieten oder bei **Electric Tour Co. ❷** eine Segwaytour buchen.

Weise verguckte sich im »Sommernachtstraum« die Elfenkönigin Titania in einen Esel. Im Garten wird Ihnen eine rote Backsteinwand auffallen. In die Mauer ist ein verglaster, leider häufig verschlossener Schrein mit einer Bronzebüste Shakespeares eingelassen. Links und rechts stehen auf jeweils drei Tafeln Zitate, welche die Affinität des Dichters zu Blumen, Kräutern und Bäumen bezeugen.

Die Welt der Pflanzen en miniature

Wenn Sie sich ähnlich wie Shakespeare für die Natur begeistern können, sei Ihnen der **San Francisco Botanical Garden ❷** ans Herz gelegt, eine florale Welt im Kleinen mit Hunderten in Kalifornien heimischen Pflanzenarten, einem Sukkulentengarten, einem Mammutbaumhain sowie australischen, chilenischen und mediterranen Anlagen. Oder das in einem schneeweißen viktorianischen Gewächshauspalast untergebrachte **Conservatory of Flowers ❸** mit zum Teil floralen Raritäten aus fünf unterschiedlichen Klimazonen. Im **M. H. de Young Memorial Museum ❹** muss man als Naturfreund mit auf Leinwand gepinselten Naturszenen vorlieb nehmen. Oder man besteigt den Hamon Education Tower, von dessen Aussichtsplattform man die grüne Umgebung im Blick hat.

Bühnenstar auf vier Beinen

Sehenswert, wenn auch sehr teuer ist die mit einem begrünten Dach ausgestattete **California Academy of Sciences ❺,** bei deren Bau Ökologie und Nachhaltigkeit im Vordergrund standen. Im Innern tobt das wahre Leben, ob bei den Pinguinen in der African Hall, im viergeschossigen Regenwald oder im Steinhart Aquarium mit 40 000 exotischen ›Insassen‹. In einer Glasvitrine thront eine Rarität – der letzte lebend gefangene Grizzly im Golden State. Nach seinem Ableben 1911 wurde er präpariert, weil einer seiner Vorfahren als Modell für die kalifornische Staatsflagge historische Bedeutung erlangt hatte. Falls Sie ein Auge auf lebende Wildtiere werfen wollen: Im **Buffalo Paddock ❻** grast eine Herde Bisons als Erinnerung daran, dass die stolzen Riesen Ende des 19. Jh. in den Prärien fast ausgerottet wurden. Sie stammen von einem 1890 aus Wyoming und Kansas importierten Pärchen ab, das nach der Schauspielerin Sarah Bernhardt und dem 23. US-Präsidenten Ben Harrison benannt wurde.

Maler machen Hauswände glücklich – **Mission District**

15

Taquerias, Pupuserias, Tortilla-Bäckereien, 99-Cent-Discounter … Das Flair des Stadtteils erweist sich als unübersehbar lateinamerikanisch. Besonders dort, wo Wandmalereien ganze Straßenzüge dekorieren. Aber schon vor Jahren entdeckten Programmierer und App-Erfinder aus dem Silicon Valley das ehemalige Arbeiterviertel als Domizil. Mit Folgen.

Noch vor Jahrzehnten verdiente sich der Mission District als *Barrio latino* mit jeder Hausecke seinen Namen als Zufluchtsort hispanischer Einwanderer. Aber der *wind of change* hat diesen Stadtteil durchgeschüttelt, wenngleich mexikanische Spelunken nach wie vor feste Bestandteile der Straßenszenen sind. Charme und Elend liegen nahe beieinander. In Schlafsäcke gehüllte Armut an der Mission Street. Zwei Blocks weiter in der Valencia Street Startup-Wohngemeinschaften, schicke Büroetagen, vornehme Geschäfte. Software-Entwickler, Social-Media-Strategen und Daten-Experten trieben die Mieten in für Normalverdiener längst unerschwingliche Höhen.

Die Themen, die Wandmaler im Mission District plakativ und vielfarbig umsetzen, beziehen sich häufig auf soziale und politische Verhältnisse in lateinamerikanischen Staaten. Aus manchem Mural spricht aber auch nur die Freude des Künstlers, eine nichtssagende Mauer in einen attraktiven Hingucker zu verwandeln.

Größte Open Air-Galerie

Altes Lokalkolorit existiert aber immer noch – trotz aus dem Boden sprießender Yuppie-Bars, Designershops und Edelrestaurants. Obwohl sich die Valencia Street zur schicken Shopping- und Gastronomiemeile mauserte, hat der Mission District nur Schritte entfernt Herz und Seele behalten. Zum Beispiel an der **Clarion Alley** **1** zwischen Valencia und Mission Street. Die schmale Verbindung ist keine übliche Gasse, sondern ein Kabinettstückchen. Wandmaler haben keinen Quadratmeter Fläche, kein Garagentor und keine Mauer frei gelassen, sondern die Fassaden mit Pinsel und Farbe in eine farbenprächtige Gemäldegalerie verwandelt.

INFOS/ÖFFNUNGSZEITEN

Mission Dolores **4**: 3321 16th St, T 1-415-621-8203, www.missiondolores. org, tgl. 9–16 Uhr, 5 $. Historische Missionskapelle mit Museum und Friedhof.
Precita Eyes Mural Arts Center **5**: 2981 24th St., T 1-415-285-2287, www.precitaeyes.org, Mo–Fr 10–17, Sa 10–16, So 12–16 Uhr. Führungen zum Thema Murals an Wochenenden (15–20 $).

VERSCHNAUFPAUSE

In **Philz Coffee** **1** stärken sich kreative Vertreter der Dotcom-Generation, moderne Bohemiens und Nerds hinter Laptops. Das Ambiente: unkompliziert-rustikal. Bei gutem Wetter sitzt man draußen (3101 24th St., T 1-415-875-9370, www.philzcoffee.com/locations-sf, Mo–Fr 6–20.30, Sa/So 6.30–20.30 Uhr).
Im **Foreign Cinema** **2** sitzt man bei kalifornischem Schwertfisch (31 $) oder Entenbrust (26 $) in einem Innenhof, in dem Filme auf eine Rückwand projiziert werden (2534 Mission St., T 1-415-648-7600, www.foreigncinema.com, So–Mi 17.30–22, Do–Sa 17.30–23 Uhr, Sa/So Brunch 11–14.30 Uhr).

STILECHT GEBETTET

Übernachten in viktorianischem Pomp mit antikem Mobiliar und gerafften Vorhängen: Im **Inn San Francisco** **1** sind Sie richtig. Die Zimmer sind klein, die Badezimmer aber modern ausgestattet. Im Garten können Sie sich in einem Whirlpool aalen, auf der Dachterrasse den Stadtblick genießen (943 S. Van Ness Ave., T 1-415-641-0188, www.innsf.com, DZ je nach Saison 145–195 $).

Cityplan: H–K 6–8 | **BART** bis 16th St. Station, mehrere **MUNI-Buslinien**

Auch aus der **Balmy Street** 2 machten die Künstler seit Mitte der 1980er-Jahre eine Open-Air-Galerie.

Künstlerische Frauenpower

Sieben Malerinnen verwandelten 1994 das **Women's Building** 3 in ein Riesenkunstwerk. Auf zwei Seiten ist das vierstöckige Eckhaus vom Gehsteig bis unter das Dach mit Blumensymbolen, mythischen Frauenfiguren, Porträts der US-Malerin Georgia O'Keeffe, der puertoricanischen Revolutionärin Lolita Lebron, der palästinensischen Aktivistin Hanan Ashrawi und Indio-Gottheiten dekoriert. Von der Fassade an der Lapidge Street lächelt die Menschenrechtsaktivistin Rigoberta Menchú, die 1992 für ihren Kampf gegen die Unterdrückung der Indianer in Guatemala mit dem Friedensnobelpreis ausgezeichnet wurde.

Geschichte und Mission Dolores

Die Murals sind das eine Highlight im Mission District. Das andere ist die historische **Mission Dolores** 4. Erst 1769 entdeckte eine spanische Landexpedition unter Gaspar de Portolá die Bucht von San Francisco und mit ihr einen der besten natürlichen Meereshäfen der Welt. Sieben Jahre später gründeten Spanier auf der Halbinsel zwischen Pazifik und Bucht den Presidio-Militärstützpunkt und mit der Mission die sechste Station am Camino Real, einer alle 21 kalifornischen Missionen verbindenden Straße. Mächtige Wände aus 36 000 Adobeziegeln und stützenden Balken aus Mammutbäumen machen die 1791 eingeweihte Missionskapelle zu einer Rarität. Die Innenausstattung mit einem 1796 aus Mexiko herangeschafften Altar, zwei Seitenaltären von 1810 und drei in Mexiko gegossenen Glocken ist noch ebenso im Original erhalten wie die Deckenbemalung mit natürlichen Farbstoffen.

An die Kapelle schließt sich ein bescheidenes Museum mit sakralen Gegenständen und indianischen Artefakten an. Gleich nebenan betreten Sie den idyllischen Friedhof, der mit alten Grabsteinen, einer Statue des Missionsgründers Junípero Serra, Bäumen und Grünflächen eine wahre Insel der Kontemplation bildet (▶ S. 84). Nebenan reckt die 1918 eingeweihte Basilika ihre schlanken Doppeltürme in den Himmel.

M
MURALS

Die Geschichte der Murals führt in das postrevolutionäre Mexiko der 1920er-Jahre. Damals gehörte Diego Rivera (1886–1957), Ehemann der Künstlerin Frida Kahlo, zur Elite der Wandmaler, der mit Pinsel und Farbe einen Beitrag zur Volksbildung seines Landes leisten wollte. Nach dem Zweiten Weltkrieg brachten Flüchtlinge aus Mittelamerika dieses Genre nach Kalifornien, wo die Gemälde häufig soziale Missstände und politische Probleme thematisierten. Wer noch mehr über die Murals erfahren möchte, sollte sich in das **Precita Eyes Mural Arts Center** 5 begeben. Absolut lohnenswert!

Ü
ÜBRIGENS

Als Hitchcock-Fan suchen Sie auf dem Mission Dolores Cemetery vergeblich nach dem Grabstein der Carlotta Valdes, der im Thriller »Vertigo« eine Rolle spielte. Nach Drehende am 1. Oktober 1957 vergaß die Filmcrew zwar, die Requisite mitzunehmen, die zu einer populären Touristenattraktion wurde. Später beschloss die Missionsverwaltung aber, den Gedenkstein zu beseitigen, um die Würde des Friedhofs zu wahren.

EINTRITTSKARTEN *in eine andere Welt …* *Neben dem MoMa (▶ S. 24) gibt es in San Francisco noch reichlich andere Museen, hier sind meine Favoriten.*

UND JETZT ENTSCHEIDEN SIE!

Asian Art Museum
Di/Mi, Fr–So 10–17, Do
10–19 Uhr
15 $, ab 65 J. und 13–17
J. 10 $

◯ JA ◯ NEIN

Winzige Jadefigürchen, monumentale Skulpturen, Porzellan, Gemälde, Waffen und Rüstungen, Mobiliar und Textilien: Über 18 000 Exponate aus der 6000jährigen Geschichte von zahlreichen asiatischen Ländern.

🗺 Karte 2, J 4, www.asianart.org

Beat Museum
tgl. 10–19 Uhr
8 $, Senioren 5 $

◯ JA ◯ NEIN

Die Geschichte der Beat Generation um Jack Kerouac und Allen Ginsberg auf zwei Etagen, dazwischen ein 1949er-Plymouth, eine Badewanne voller Second-Hand-Books und bergeweise Erinnerungen.

🗺 Karte 2, K 2, www.kerouac.com

California Palace of the Legion of Honor
Di–So 9.30–17.15 Uhr
10 $, ab 65 J. 7, 13–17 J.
6 $, 1. Di im Monat frei

◯ JA ◯ NEIN

El Greco, Rubens, Rodin, Degas, Monet, Renoir, Picasso und Rembrandt sind nur einige der Promis, denen das in einem neoklassizistischen Palast eingerichtete Museum für antike und europäische Kunst eine Bühne bietet.

🗺 B 4, http://legionofhonor.famsf.org

GLBT History Museum
Mo–Sa 11–18, So 12–17 Uhr
5 $, 1. Mi im Monat frei

◯ JA ◯ NEIN

Eine der weltweit größten Sammlungen von historischem Material über lesbische, schwule, bisexuelle und Transgender-Themen, hauptsächlich über die Schwulenbewegung der 1960er- bis 90er-Jahre.

🗺 G/H 7, www.glbthistory.org

Tenderloin Museum

Di–So 10–17 Uhr
10 $, ab 65 J. und 13–21
J. 6 $

Exponate über den Stadtteil, in dem Muhammad Ali, George Foreman und Sugar Ray Robinson trainierten, Dashiell Hammett Krimis schrieb und The Grateful Dead und Miles Davis legendäre Alben aufnahmen.

◯ JA ◯ NEIN

📖 Karte 2, J 4, tenderloinmuseum.org

San Francisco Railway Museum

Di–So 10–17 Uhr
Eintritt frei, Spende will-
kommen

Eher ein kleiner Souvenirladen als ein Museum, aber eine Informationsquelle für Fans historischer Straßenbahnen, die sich dafür interessieren, wie die Cable Cars die Stadt verändert haben.

◯ JA ◯ NEIN

📖 Karte 2, L 3, www.streetcar.org/museum

Musée Mécanique

tgl. 10–20 Uhr
Eintritt frei

Urige Spielhalle mit über 300 zum Teil skurrilen Automaten aus Urgroßvaters Zeiten, mechanische Flipper aus der Vor-Play-Station-Ära, automatische Pferderennbahnen, Basketballkörbe, Wahrsager …

◯ JA ◯ NEIN

📖 Karte 2, J 1, http://museemecaniquesf.com

American Bookbinders Museum

Di–Sa 10–16, Do bis 20 Uhr
10 $

Alles, was Sie über die amerikanische Geschichte der Buchbinderei seit 1632 und die Menschen wissen wollen, die sich dieser ganz besonderen handwerklichen Kunst verschrieben haben.

◯ JA ◯ NEIN

📖 Karte 2, K 4, www.bookbinders museum.org

Madame Tussauds Wax Museum

So–Do 10–21, Fr/Sa bis
22 Uhr
ab 13 J. 22 $

Treffen Sie Leonardo di Caprio, Steve Jobs, Serena Williams, Adele, Michael Jackson, Lady Gaga und andere Promis. Sie warten in unterschiedlichen Themenzonen auf ein Selfie mit Ihnen.

◯ JA ◯ NEIN

📖 Karte 2, J 1, https://www2.madame tussauds.com/san-francisco/en/

Museumslandschaft von San Francisco

San Francisco ist nicht nur eine coole, moderne und tolerante Metropole, sondern auch eine wahre Fundgrube für Kunst und Kultur. Ein Beweis gefällig? Dann machen Sie sich am besten über die städtische Museumslandschaft schlau, die garantiert für jeden Geschmack und auf jedem Interessengebiet etwas bietet – gleichgültig ob es sich um Geschichte, Naturwissenschaften, Malerei, Bildhauerei, Technik oder außergewöhnliche Kuriositäten handelt. Eine Übersicht über kostenlose Museumstage finden Sie unter http://freemuseumday.org/sf.html. Die Tage ändern sich relativ häufig, zur Sicherheit sollten Sie daher auch immer die Internetseiten der betreffenden Museen konsultieren.

TIPPS ZU MUSEEN IN SAN FRANCISCO

Kostenlose Museen: Cable Car Museum (▶ S. 46), Chinese Historical Society of America (▶ S. 39), Musée Mécanique (▶ S. 79), Museo Italo-Americano, Museum of Performance and Design, Randall Museum, San Francisco Art Institute, San Francisco Fire Department Museum, San Francisco Railway Museum (▶ S. 79), Wells Fargo History Museum

Websites über Museen in San Francisco:
www.sanfrancisco.net/museums
www.sanfrancisco.travel/article/san-franciscos-must-see-museums
www.sf-info.org/culture/d58/museums
www.sanfrancisco.net/museums

Schon eine Weile her, dass man Landausflüge mit der Pferdekutsche unternahm …

Weltstadt ›alpin‹ – Die Treppen von San Francisco

In der Hügellandschaft der Bay-Metropole verstecken sich zahlreiche kurze oder auch längere Treppenaufstiege, die häufig durch üppige Gärten führen und fast immer atemberaubende Panoramen auf die Stadtlandschaft, die Bucht oder die Brücken bescheren. Außerdem bringt man bei San Francisco ›alpin‹ seinen Kreislauf in Schwung. Also los!

Zugegeben: Treppen machen das Überwinden von Höhenunterschieden einfach. Wer Aufstiege in Stufen so definiert, kennt die häufig im Häuserdschungel verborgenen Stairways von San Francisco nicht. Machen Sie sich auf eine urbane Entdeckungstour abseits ausgetretener Touristenpfade. Denn die zum Teil idyllischen Treppenaufgänge sind zwar keine Geheimtipps. Aber noch lange nicht jeder Besucher und jede Besucherin kennt die versteckten Attraktionen.

Bei Papageien zu Besuch
Filbert Street Steps

Karte 2, K 2
Der Coit Tower ist eine populäre Attraktion, die auf der Ostflanke des Telegraph Hill abwärts führenden Filbert Street Steps bleiben aber den meisten Besuchern verborgen. Schade! Die zum Teil betonierten, zum Teil aus Holz gezimmerten Stiegen mäandern durch verwunschen wirkende Gärten, in denen man grüne Papageien beobachten kann. Der Aufstieg führt unter anderem durch den **Grace Marchant Garden,** der nach einer Anwohnerin benannt wurde. Nach dem Zweiten Weltkrieg legte sie dort über Jahrzehnte mit Rosenstöcken, Rittersporn, Bananenstauden und japanischen Ahornbäumen ein wunderschönes Areal an, wo Leute zuvor illegal ihren Müll entsorgt hatten.
Zwischen Coit Tower und Sansome St., North Beach

Bunte Himmelsleiter
16th Avenue Tiled Steps D 7
Auf dieser Treppe treten Sie Kunst und Design mit Füßen. Im wahrsten Sinne des Wortes. Die Künstlerinnen Aileen Barr und

Braucht keine Treppen, ist aber häufig an den Filbert Steps unterwegs.

Colette Crutcher arbeiteten zusammen mit 300 Freiwilligen zweieinhalb Jahre lang an Mosaiken für jede einzelne der insgesamt 163 Stufen. Resultat der Sisyphusarbeit ist ein in allen Regenbogenfarben schillerndes Gesamtkunstwerk aus handgemachten Keramikfliesen, Bruchstücken von Spiegeln und Buntglas. Die einzelnen Puzzleteilchen mit Motiven von Blumen über Vögel und Fische bis zu geometrischen Formen wurden

Ganz schön steil: die Vallejo Stairs zwischen North Beach und Russian Hill

größtenteils von den Treppennachbarn gesponsert.

16th Ave. & Moraga St. im Stadtteil Sunset südlich vom Golden Gate Park, www.tiledsteps.org

Bergsteigen innerstädtisch

Vallejo Stairs Karte 2, J/K 2

Aussichtspunkte mit tollem Blick auf die Innenstadt mit Coit Tower, Transamerica Pyramid und Umgebung gibt es in und um Downtown an unterschiedlichen Stellen. Ein reizvoller Panoramaweg sind die Vallejo Stairs, auf denen Sie die Flanke des Russian Hill hochsteigen und von zahlreichen Stellen den Postkartenblick auf die Stadtlandschaft genießen können. Unterwegs verläuft die Treppe durch den **Ina Coolbrith Park,** der nach der Dichterin (1842–1928) des 19. Jh. benannt wurde, die ganz in der Nähe in der Macondray Lane lebte.

Zwischen Mason und Jones St., zwischen North Beach und Russian Hill

Künstlerischer Anstieg

Hidden Garden Stairs D 7

Ebenfalls im Stadtteil Sunset liegen diese Treppen nur zwei Blocks nördlich der 16th Avenue Tiled Steps. Auch der Stil ist der gleiche: Keramikmosaiken, die insgesamt florale Motive bzw. Klein-lebewesen wie Insekten und Schnecken abbilden. Der Unterschied: Auf diesen Stufen sind weniger Schaulustige unterwegs, weil sie neueren Datums und deshalb weniger bekannt sind.

16th Ave. zwischen Kirkham and Lawton St., http://hiddengardensteps.org

Partner für Workouts

Lyon Street Stairs G 3

288 Stufen machen den Anstieg zu einem populären Trainingspartner für Jogger. Am westlichen Ende des Broadway (Billionaire's Row ▶ S. 62) bilden die Lyon Street Stairs eine breite, von Hecken und Blumenrabatten gesäumte Treppe, die von den Anwohnern liebevoll gepflegt wird und sich deshalb in bestem Zustand befindet. Dem ganzen Ambiente ist anzusehen, dass man sich hier an San Franciscos ›Goldküste‹ befindet, wie die Einheimischen das Renommierviertel auch nennen. Sollte Ihnen am oberen Ende der Treppe noch nicht die Puste ausgegangen sein, blicken Sie am bewaldeten Presidio entlang über die Stadtlandschaft und den Palace of Fine Arts hinweg auf die blau schimmernde Bucht.

Zwischen Green St. & Broadway im Stadtteil Pacific Heights, www.hiddensf.com/300d-lyon-street-steps-san-francisco-ca.html

Ü
ÜBRIGENS

Ina Coolbrith war das erste weiße Kind, das mit einem Planwagentreck 1852 über den Breckwourth Pass in der Sierra Nevada Kalifornien erreichte. Eine in einen Felsen eingelassene Bronzeplatte im **Ina Coolbrith Park** erinnert an die Poetin, die als Mentorin sowohl den jungen Jack London als auch die Tänzerin und Choreografin Isadora Duncan unter ihre Fittiche nahm und dem Schriftsteller Bret Harte, der sie ehelichen wollte, einen Korb verpasste (zwischen Mason St. und Jones St. am Russian Hill).

Camera, lights, action!
Filmkulisse San Francisco

Wollte man eine Liste erstellen mit allen Regisseuren und Leinwandstars, die in der Bay-Metropole vor und hinter der Kamera agierten, käme dabei ein Who is Who der Filmgeschichte heraus. Kein Genre wurde ausgelassen, von Actionthriller über Fantasy, Komödie, Drama und Romanze bis Science Fiction.

Einige Streifen hinterließen bei Kinogängern bleibende Erinnerungen, wie 1958 Alfred Hitchcocks Psychodrama »Vertigo«, das an unterschiedlichen Drehorten in der Stadt entstand. Zehn Jahre später setzte Regisseur Peter Yates mit dem Vollgasabenteuer »Bullitt« filmische Maßstäbe. Zum allerersten Mal wurde eine komplette Autoverfolgungsjagd nicht auf einem Studiogelände, sondern auf öffentlichen Straßen gefilmt. Drei Wochen arbeiteten die Kameracrews an der atemlosen High-Speed-Hatz, bei der Hauptdarsteller Steve McQueen mit einem 335 PS starken Achtzylinder durch die Straßen der Stadt bretterte, als seien Stoppschilder und Ampeln nur dekoratives Beiwerk. Übrig blieben im Film am Ende ganze 9 Minuten und 42 Sekunden. Berühmte Stadtsymbole wie Golden Gate Bridge,

Fisherman's Wharf und City Hall tauchten in der James Bond-Folge »Im Angesicht des Todes« mit Roger Moore auf, während Alcatraz Island im Gefängnisfilm »Flucht von Alcatraz« mit Clint Eastwood und im Actionfilm »The Rock – Fels der Entscheidung« mit Nicolas Cage, Sean Connery und Ed Harris eine Hauptrolle spielte. Einige städtische Wahrzeichen bilden im Krimi »Dirty Harry« die Kulisse für Clint Eastwoods unorthodoxe Verbrecherjagd. Für deutsche TV-Zuschauer wurde in den 1970er-Jahren die Kultserie »Die Straßen von San Francisco« mit den beiden Polizisten Mike Stone (Karl Malden) und Steve Keller (Michael Douglas) zum filmischen Stadtführer. Kein Wunder, dass Filmfans in der Bay-Metropole heute noch von einem Déjà-Vu-Erlebnis ins nächste geraten.

Michael Douglas prägte zusammen mit seinem Kollegen Karl Malden die TV-Kultserie »Die Straßen von San Francisco«, die 1974 im deutschen Fernsehen anlief.

Pause. Einfach mal abschalten

Brauchen Sie außer der Golden Gate Bridge, der Pazifikküste und der quirligen Chinatown noch weitere Gründe, um San Francisco auf die Liste Ihrer Lieblingsstädte zu setzen? Dann seien Ihnen die vielen Parks empfohlen, die The City zu einer der grünsten Städte des Landes machen.

Kaliforniens Olymp

Palace of Fine Arts 🗺 F 2

Am westlichen Rand des Marina District liegt ein idyllischer Minipark mit einem Gebäude, das aussieht wie ein antiker Göttersitz. Der monumentale griechisch-römische Palace of Fine Arts mit seinen mächtigen, eine Kuppel tragenden Säulen, mit seinen Skulpturen und Friesen gehörte bei der Panama-Pacific International Exposition von 1915 zu den architektonischen Highlights – heute Grund genug für Hochzeitspaare, vor der filmreifen Kulisse beim Fotoshooting zu posieren. Die Szenerie ist in der Tat bilderbuchreif. Vor dem Palast breitet sich eine kleine, von Rasenflächen, australischen Eukalyptusbäumen und Blumenrabatten

umgebene Lagune aus, in der sich der Prachtbau spiegelt – wenn sich die Wasserfläche nicht gerade kräuselt, weil ein paar Schwäne, Enten oder Möwen landen. Nachdem ein Museum aus den Mauern auszog, ist die zukünftige Nutzung noch nicht entschieden.
3301 Lyon St., www.nps.gov/prsf/planyourvisit/palace-of-fine-arts.htm

Geschichtsträchtige Oase

Mission Dolores 🗺 H 6

Alte Friedhöfe strahlen besinnlichen Charme aus. Der historische Gottesacker neben der ehemaligen Mission Dolores im Mission District macht keine Ausnahme. Hohe Mauern umgeben das idyllische Fleckchen Erde, das weit weg vom hektischen Großstadtbetrieb zu liegen scheint. Zedern, Feigenbäume und ein Redwood-Riese breiten über den verwitterten, schiefen Grabtafeln ihre Kronen aus. Über 5000 zur Zwangsarbeit verpflichtete Ohlone- und Miwok-Indianer sollen auf dem Grund und Boden im 18. und 19. Jh. ihre letzte Ruhestätte gefunden haben. Anlass für massive Proteste gegen die 2015 durch Papst Franziskus erfolgte Heiligsprechung des spanischen Missionsgründers Junípero Serra (1713–1784), dem Kritiker vorwerfen, er sei für Zwangstaufen, kulturelle Unterdrückung und sogar Massenmord verantwortlich gewesen.
3321 16th St., Mission District

Stärkung des Geistes

Grace Cathedral 🗺 Karte 2, J/K 3

Unter den ältesten symbolischen Zeichen der Menschheit spielt das vor über 3000 Jahren im Mittelmeerraum

Die Antike lässt grüßen: der Palace of Fine Arts

Botanik at it's best: das Conservatory of Flowers im Golden Gate Park

entstandene und heute in vielen Kulturen zu findende Labyrinth eine Rolle. In der Grace Cathedral auf dem Nob Hill befindet sich ein solches kreisrundes Symbol auf dem Teppich gleich hinter dem Eingang. Im Gegensatz zu einem Irrgarten ist der ständig die Richtung wechselnde Weg kreuzungsfrei und endet zwangsläufig im Zentrum, von dort kehrt man auf demselben Weg zum Anfangspunkt zurück. Wer an das Symbol glaubt, spürt die meditative Kraft (▶ S. 61).
1100 California St., Nob Hill

In San Francisco gibt es ca. drei Dutzend Parks und öffentliche Plätze mit kostenlosem WLAN-Zugang, darunter populäre Örtlichkeiten wie Alamo Square, Civic Center Plaza, Huntington Park, Mission Dolores Park, Portsmouth Square und Union Square. Eine komplette Liste findet man unter www6.sfgov.org/modu les/showdocument.aspx?document id=90).

Beschaulich strampeln
Golden Gate Park 🗺 A–F 5/6
Wie wäre es an einem Strahletag mit einer Bootstour im Golden Gate Park? Im Stow Lake Boathouse werden Tret- und Ruderboote vermietet, mit denen Sie um das fast runde Strawberry Hill Island Ihre Runden ziehen und die reizvolle Parklandschaft in vollen Zügen genießen können. Ihren Namen verdankt die Insel wilden Erdbeeren, die dort früher wuchsen.
50 Stow Lake Dr., T 1-415-386-2531, http:// stowlakeboathouse.com, Mo–Fr 10–16, Sa/So 10–17 Uhr, 20–25 $/Std.

Ort der Erbauung
Fay Park 🗺 Karte 2, J 2
Selbst viele Einwohner kennen den Fay Park nicht, der sich im Wohngebiet auf dem Russian Hill versteckt. Das terrassenförmig angelegte Gelände präsentiert sich mit weißen, aus Holz errichteten Gazebos, klassizistischen Treppen und Balustraden, Rosenbeeten und Rabatten voller Löwenmäulchen wie eine verzauberte Stadtoase. Allein die zur steilen Durchgangsstraße hin errichtete Begrenzung hätte dekorativer ausfallen können.
2366 Leavenworth St. zwischen Chestnut & Lombard St.

ZUM SELBST ENTDECKEN

Pro und contra Privatzimmer

Viele Einwohner vermieten Zimmer über die in San Francisco erdachte und umstrittene Online-Plattform Airbnb. Gegner sagen, dass Kurzzeitvermietungen dem lokalen Wohnungsmarkt wertvollen Wohnraum entziehen. Befürworter meinen, dass Dienste wie Airbnb Bürgern und Besuchern helfen, überhaupt zu erschwinglichen Preisen unterzukommen.

Extrakosten vermeiden

Hotels sind erfinderisch, wenn es darum geht, Gästen Extradollars aus den Taschen zu locken. Regel Nr. 1: Lassen Sie die Finger von der Minibar in Ihrem Zimmer. Regel Nr. 2: Telefonieren Sie nicht mit dem Zimmertelefon. Regel Nr. 3: Prüfen Sie, ob im Übernachtungspreis der Parkplatz inklusive ist. Öffentliche Garagen schlagen mit 45 bis 60 $ pro Tag zu Buche.

Steicheleinheiten fürs Reisebugdet

Sie sind also wild entschlossen, sich unter die 18 Mio. Besucher zu mischen, die Jahr für Jahr der Traumstadt am Goldenen Tor ihre Aufwartung machen. Vermutlich steht Ihnen der Sinn weder nach einem sündhaft teuren Luxushotel noch nach einem gesichtslosen Kettenmotel. Kein Problem. Sie finden etwas Passendes. Da San Francisco mittlerweile zu den teuersten US-Städten zählt, sollten Sie sich nicht unbedingt an einem der touristischen Brennpunkte wie Union Square, Fisherman's Wharf, SoMa oder Nob Hill eine Bleibe suchen. Weichen Sie lieber in andere Stadtgebiete aus, um Ihr Reisebudget zu schonen.

Zimmerpreise in der Stadt sind nicht in Stein gemeißelt, sondern variieren je nach Jahreszeit. Am günstigsten übernachten Sie in der Nebensaison zwischen November und März, vom Feiertagsrummel an Thanksgiving, Weihnachten und Neujahr einmal abgesehen. In der Hochsaison zwischen Ende Mai und September/Oktober sind die Betten von Discount-Hostels bis zu Nobelherbergen zu 90 % ausgebucht. Das bedeutet, dass Sie in dieser Zeit die höchsten Preise berappen müssen, was übrigens nicht unbedingt nur für exklusive Häuser, sondern auch für generell preisgünstigere und weniger komfortabel ausgestattete Unterkünfte gilt. Entscheiden Sie sich für ein Domizil bis etwa 150 $ pro Nacht, haben Sie ein Preisniveau gewählt, das vor Ort gemeinhin als moderat gilt.

Hotel des Arts: Zum Übernachten brauchen Sie weder Pinsel noch Farbe. Die Wände sind schon bemalt.

MIT GUTEM ÖKO-GEWISSEN

Grüner geht's kaum
The Good Hotel 🏠 Karte 2, K 5

Wassersparende Toiletten, Lampenschirme aus recycelten Glasflaschen, Bettgestelle aus wiederaufbereiteten Materialien … Das Good Hotel preist sich als eine der öko-bewusstesten Unterkünfte der Stadt. Trotzdem müssen Sie in den ziemlich kleinen Zimmern auf modernen Komfort nicht verzichten. Für die zentrale Lage muss man die Nähe des Problembezirks Tenderloin in Kauf nehmen.

112 Seventh St., SoMa, T 1-415-621-7001, www.thegoodhotel.com, DZ ab ca. 175 $, kostenloser Parkplatz für Hybridfahrzeuge, Gratis-Fahrradverleih

Sich ›grün‹ zur Ruhe legen
Orchard Garden Hotel 🏠 Karte 2, K 3

Wasser und Strom sparende Einrichtungen, energieeffiziente Lampen und Bio-Pflegeprodukte im Bad. Die Putzkolonnen sind mit chemiefreien Reinigungsmitteln bei der Arbeit. Mit seinen strikten Umweltstandards hat sich das Hotel die LEED-Zertifizierung (Leadership in Energy & Environmental Design) als ökologisch extrem leistungsstarkes Anwesen verdient. Auf der Dachterrasse können Sie abends mit Blick auf das Stadtzentrum fabelhaft dinieren

466 Bush St., T 1-415-399-9807, www.the orchardgardenhotel.com, DZ ab 188 $ (Fr–So)

KEINE BLEIBEN WIE ALLE ANDEREN

Street Art überm Bett
Hotel des Arts 🏠 Karte 2, K 3

Hier übernachten Sie wie in einer Comic-Galerie. Jedes der kleinen, aber gut ausgestatteten Zimmer haben junge Künstler mit witzigen Figuren, großflächigen Gesichtern oder Phantomgestalten bemalt. Bereits die Fassade zeigt ein Fabelwesen des mexikanischen Straßenmalers Curiot. Auf das Continental Breakfast verzichten Sie besser, sofern

Sie es noch irgendwie zum nächsten Coffeeshop schaffen.

447 Bush St., T 1-415-956-3232, www. sfhoteldesarts.com, bei 7 Übernachtungen ab 79 $ pro Nacht

Hier schnuppert man den Pazifik
Ocean Park Motel 🏠 südl. A 8

Das erste, 1937 eröffnete Motel der Stadt wird mit seinem Art-Deco-Stil Gästen gefallen, die sich für Architektur und Design begeistern können. Das Motto des nur zwei Blocks vom Ocean Beach entfernten Hauses mit farbenfrohen Zimmern und kleinem Pool im Freien: »Lassen Sie hier Ihr Herz zurück, nicht Ihre Brieftasche«. In manchen Zimmern können Sie sich in einer kleinen Küche Ihr Lieblingsfrühstück selbst zubereiten.

2690 46th Ave., T 1-415-566-7020, www.ocean parkmotel.com, je nach Saison DZ 115–165 $

Logieren mit Musikbegleitung
Parker Guest House 🏠 H 6

Das kanariengelbe Gästehaus-Duo im späten viktorianischen Stil können Sie gar nicht übersehen. Während in den Zimmern bereits moderne Zeiten eingekehrt sind, herrscht in den allgemein zugänglichen Räumen der Stil des frühen 20. Jh. Wenn Sie Glück haben, bekommen Sie im Living Room den Gratisauftritt eines Pianisten der San Francisco Symphoniker mit, die häufig in diesem B&B logieren. Rund um die Unterkunft herrscht an Cafés, Restaurants und Einkaufsmöglichkeiten kein Mangel.

520 Church St., Mission District, T 1-415-621-413921, http://parkerguesthouse.com, DZ ab 169 $ mit Etagenbad

Neben der Spur
Red Victorian Bed & Breakfast
🏠 F 6

Manchmal wandert der Geist der Hippie-Ära durch Flure und Zimmer in dieser Mixtur aus Gemeindezentrum, B&B und Freak-Treffpunkt, stilistisch angesiedelt zwischen Maharadscha-Pomp, Flower Power und Summer of Love. Wer sparen muss, kann im Jugendherbergsstil in Etagenbetten nächtigen.

Ein beliebtes Refugium für Partytiere: das coole Phoenix Hotel

Freundlich und wohnlich sind die Privatzimmer ausgestattet. Management und Service sind etwa so verlässlich wie der deutsche Bahnfahrplan. Wer Wert auf einen fetzigen Experimentalaufenthalt abseits des Mainstreams legt, ist hier goldrichtig

1665 Haight St., T 1-415-864-1014, www.redvic.com/stay, DZ ab ca. 160 $

WO DAS LEBEN PULSIERT

Im Auge des Sturms
Grant Plaza Hotel 🏠 Karte 2, K 3
Falls Ihnen eine erschwingliche Unterkunft in erstklassiger Innenstadtlage wichtig ist, von der Sie die meisten Sehenswürdigkeiten zu Fuß erreichen können, sind Sie in diesem Hotel genau richtig. Zentraler als hinter dem Dragon's Gate von Chinatown können Sie gar nicht wohnen! Stylish kommt das Hotel nicht daher, eher mit Grundausstattung, Satelliten-TV und kostenlosem WLAN inklusive.

465 Grant Ave., T 1-415-434-3883, www.grantplaza.com, 2 Betten, eigenes Bad ab 139 $

Außen alt, innen modern
Inn on Castro 🏠 H 6
In der Schwulen- und Lesbengemeinde der Stadt gelegen, beweisen die B&B-Betreiber in ihrem renovierten viktorianischen Anwesen Sinn für dekorative Details. Bücherregale, Bilder, gerahmte Spiegel, Kunstgegenstände und Blumenschmuck verleihen der geschmackvoll eingerichteten Unterkunft eine sympathisch wohnliche Note.

321 Castro St., Castro, T 1-415-861-0321, http://innoncastro.com, mit Etagenbad ab 125 $, mit eigenem Bad ab 145 $; an Wochenenden gilt ein Mindestaufenthalt von 2 Nächten

Bleibe für Minimalisten
San Remo Hotel 🏠 Karte 2, J 2
Die Top-Lage und den günstigen Preis ›bezahlt‹ man mit eingeschränktem Komfort: kein TV, kein Telefon, kein Aufzug, Bad und Toilette auf der Etage. Wenn Sie sich damit abfinden können, werden Sie den romantisch-viktorianischen Charme der winzigen Zimmer mit Urgroßmutterbetten und antikem Mobiliar sowie die familiäre Atmosphäre im über 120 Jahre alten Haus genießen.

2237 Mason St., North Beach, T 1-415-776-8688, sanremohotel.com, DZ ab 119 $

Cooler Platz im Stadtzentrum
Phoenix Hotel ⌂ Karte 2, J 4
Empfindsame Seelen könnten sich an der ziemlich heruntergekommenen Atmosphäre des Stadtteils Tenderloin stören. Aber vielleicht überwiegt auch der Spaß am Retro-Charme des Hotels, in dem anlässlich von Rock-Festivals Anhänger von Little Richard und den Red Hot Chili Peppers abzusteigen pflegen. Das Haus hat sich Öko-Programmen verpflichtet, die Recycling und Verwendung lokaler und Bio-Lebensmittel umfassen. Am Pool im Innenhof geht es zum Teil ziemlich lebhaft zu.
601 Eddy St., T 1-415-776-1380, http://phoenix-hotel.sanfranciscotravelhotel.com/de, DZ ab 150 $, kostenloser hoteleigener Parkplatz

OASEN FÜR NOSTALGIKER

Total relaxt
Noe's Nest B&B ⌂ J 8
Hübsch und mit dem betulichen Charme des Gestrigen kommt dieses Bed & Breakfast daher. Im angrenzenden Garten frühstücken die Gäste zwischen blühenden Hortensien, Glyzinien, Kallas, Engelstrompeten und Rosen an Bistrotischchen. Eine geradezu magische Atmosphäre herrscht nach Sonnenuntergang, wenn Sie sich nach einer anstrengenden Stadttour mitten im üppigen Grün ein Gläschen Wein genehmigen.
1257 Guerrero St., T 1-415-886-4375, www.noesnest.com, DZ ab 180 $

Fürstliches Ambiente
Monte Cristo Inn ⌂ G 4
Für Gäste mit romantischen Neigungen genau das Richtige. Antikes Mobiliar, schwere Ledersessel, Blümchentapeten, Plüschvorhänge, ein aus Ziegeln gemauerter Kamin, Bettgestelle wie aus Fürstenhäusern und Alabasterleuchter prägen das nostalgische Ambiente. Moderne ›Accessoires‹ wie WLAN und zeitgemäße Badinstallationen sind trotzdem vorhanden.
600 Presidio Ave., Pacific Heights, T 1-415-931-1875, www.bedandbreakfastsf.com, DZ ab 149 $

Ein bisschen Alte Welt
Petite Auberge ⌂ Karte 2, K 3
Seinen französischen *touch* kann und will das nette Boutiquehotel am Fuß des Nob Hill nicht verbergen. Polstermöbel mit hübschen Blumenmustern, Tapeten in Sonnenblumengelb und Stilmöbel könnten aus der Provence stammen. Das Frühstück lässt an seinem amerikanischen Ursprung aber genauso wenige Zweifel wie der Wein, der nachmittags zu Käse und Crackern gereicht wird.
863 Bush St., Lower Nob Hill, T 1-415-928-6000, www.petiteaubergesf.com, DZ ab 179 $

RUHE ALS OBERSTES GEBOT

Gepflegte Eleganz
The Grove Inn ⌂ H 5
Der Familienbetrieb hinter der braunen Schindelfassade wurde in jüngster Zeit von oben bis unten renoviert. Mit Farben und Dekor hält sich das B&B nicht lange auf, was dem in der Grundfarbe Weiß gehaltenen Interieur eine etwas steife, wenn auch nicht ungemütliche Atmosphäre verleiht. Über die Sicherheit in diesem ruhigen Wohngebiet um den Alamo Square müssen Sie sich keine Sorgen machen. Von den berühmten Painted Ladies sind Sie gerade einmal einen Block entfernt. Eine Bushaltestelle liegt direkt vor der Tür.
890 Grove St., Alamo Square, T 1-415-929-0780, www.groveinnsf.com, DZ ab 159 $, an Wochenenden am günstigsten

Für Individualisten
Annie's Cottage ⌂ Karte 2, J 2/3
Mit Puppenstubencharme wartet dieses über 120 Jahre alte, liebevoll hergerichtete Cottage auf dem Russian Hill auf. Obwohl fast mitten im Zentrum kommt man sich vor wie im Grünen, wenn man auf der Terrasse das in der Küche selbst zubereitete Frühstück genießt. Für Gäste, die gerne ihre Unabhängigkeit pflegen, ein richtiger ›Geheimtipp‹.
1255 Vallejo, T 1-415-923-9990, http://anniescottage.com, 185 $ für 2 Pers., Parkgarage in der Nähe 22 $

Mit Essbesteck auf Pilgerpfaden

Man kommt sich vor, als habe man sich nach Leckerland verirrt. Kein Tag, ohne dass ein Gourmettempel oder zumindest eine Imbissbude eröffnet. Erfindergeist treibt nicht nur die Nerds im Silicon Valley um, sondern auch die kochlöffelschwingenden Topf- und Pfannenbrigaden in der Stadt, die täglich nur eines im Sinn haben: Das Tor zu einem unentdeckten Aromareich aufzustoßen.

Falls Sie an eine kulinarische Weltreise gedacht haben, sind Sie in der Bay-Metropole richtig. Im Umkreis weniger Straßen können Sie zwischen chinesischen Dim Sum, mexikanischen Tortillas, italienischem Brunch, provenzalischem Salat oder peruanischem Estofado wählen. Dass auch die neue California Cuisine eine Rolle spielt, ist den Küchenchefinnen Alice Waters vom Restaurant Chez Panisse in Berkeley und ihrer verstorbenen Kollegin Judy Rodgers vom Zuni Café in San Francisco zu verdanken. Sie komponierten kalorienarme, proteinreiche Gerichte aus frischen, regionalen Produkten, die in Kalifornien schon vor Jahren ein gastronomisches Erdbeben mittlerer Stärke auslösten und Bio, Öko und Umweltbewusstsein zum Statussymbol ganzer Bevölkerungsschichten machten.

Die Öko-Bewegung in der Stadt ist auf der Überholspur. Man trinkt handgefilterten Organic Coffee mit Organic Milk und kommt auch bei Bier nicht an *organic* vorbei. Ob das Ökomantra tatsächlich ernst gemeint ist? Coffee to go aus dem unguten Pappbecher gehört nach wie vor zur urbanen Lebensweise. Genauso wie die Fahrt mit dem Sprit fressenden SUV zum nächsten Supermarkt.

ZUM SELBST ENTDECKEN

Mission District: Das alte Zentrum ist ein Hotspot ethnischer Restaurants. In den letzten Jahren sind zu den früher eher bodenständigen Lokalen neue hinzugekommen, die ihre Küchenkünste auch einem anspruchsvolleren Kundenkreis anbieten.

The Market on Market: In der Markthalle versammeln sich Restaurants und Imbisse wie eine Sushi & Oyster Bar, Taco Bar, Pizzeria, Weingeschäft, Bäckerei und Café, aber auch Läden von der Metzgerei bis zum Blumengeschäft (● Karte 2, J 5 , 1355 Market St., www.visitthemarket.com, tgl. 8–22 Uhr).

Food Trucks: Die Standorte ambulanter Imbisstrucks mit ethnischen Küchenangeboten (normalerweise 11–14 und 17–21 Uhr), checkt man unter http://offthegrid.com/markets oder http://roaminghunger.com/sf.

Food Trucks bieten meist gehobene Küche

SO BEGINNT EIN GUTER TAG IN SAN FRANCISCO

Zu schön zum Verzehr
Caw Valencia 🍴 J 7
Wer kaut schon gerne auf einem Kunstwerk! Man muss eine gewisse Überwindung mobilisieren, um sich die eine oder andere süße Verführung zu Gemüte zu führen. Die meisten Kuchenstücke, Törtchen und Cookies kommen meisterlich dekoriert daher, und der Geschmack bleibt hinter den optischen Erwartungen auch nicht zurück. Neben Gebäck und Konditoreiprodukten gibt es auch Desserts, herzhafte Mittagsgerichte und Tea Time-Snacks.
746 Valencia St., T 1-415-913-7713, www.craftsman-wolves.com, Mo–Do 7–18, Fr 7–19, Sa 8–19, So 8–18 Uhr, ab ca. 7 $

In Backkunst schwelgen
Tartine Bakery & Cafe 🍴 H 7
Ob Pain au Jambon mit Gruyèrekäse (5,75 $), Schokoladen-Haselnuss-Kuchen (6,50 $) oder ein Sandwich Prosciutto & Provolone (14 $): Das Lokal hat sich mit der Qualität seiner kulinarischen Leckereien zu einem der angesagtesten Cafés in San Francisco gemausert. Wer zum Frühstück kommt, muss für einen Platz u. U. anstehen. Tagtäglich wollen nachmittags Brotlaibe und Baguettes, die von Fabrikbrot nicht nur optisch Lichtjahre entfernt sind, frisch aus dem Backofen geholt werden.
600 Guerrero St., Mission District, T 1-415-487-2600, www.tartinebakery.com, Mo–Fr 8–19, Sa, So 8–20 Uhr, ab 4 $

Ouvertüre mit Avocado
Frog Hollow Farm Market & Cafe 🍴 Karte 2, L 3
Wenn Sie den Tag in diesem kleinen Café mit der Hausspezialität Avocado Toast beginnen, kann nichts schief gehen. Zum warmen Brot wird nicht nur die tranchierte Frucht serviert, sondern je nach Wahl auch grüner Salat mit Olivenöl und schwarzem Pfeffer, Obst-

stückchen und einem Hauch Knoblauch. Die halbe Portion kostet 6,99 $, die ganze 10,99 $.
1 Ferry Building, Embarcadero, T 1-415-445-0990, www.froghollow.com, Mo–Sa 7–19.30, So 9–16 Uhr, 6–11 $

Publikumsliebling
Plow 🍴 L 6
Als das Lokal vor einigen Jahren in einem ehemaligen Architektenstudio eröffnete, hofften die Stammgäste, es möge unter Frühstücksfans ein Geheimtipp bleiben. Daraus wurde nichts, weil die Mundpropaganda nicht zu stoppen war. Auf den Tisch kommt nichts Verrücktes oder Exotisches, nur Speisen, die Amerika schon längst zu ›Dauerbrennern‹ erklärt hat. Aber die Zubereitung macht den Unterschied.
1299 18th St., Portrero Hill, T 1-415-821-7569, www.eatatplow.com, Mo–Fr 7–14, Sa/So 8–14 Uhr, 5–15 $

Süchtig nach heißem Sud
Four Barrel Coffee 🍴 Karte 2, J 6
Das Frühstücksangebot ist sehr überschaubar und beschränkt sich im Großen und Ganzen auf süße Teilchen. Aber der Hit in diesem Lokal ist nicht Essbares, sondern der Kaffee, der im Rückraum frisch geröstet wird und das ganze Lokal in verführerische Duftwolken hüllt. Von der Bar aus kann man den Prozess in nächster Nähe verfolgen. Wer will, kann das heiße Gebräu in den unterschiedlichsten Geschmacksvariationen genießen.
375 Valencia St., Mission District, T 1-415-896-4289, http://fourbarrelcoffee.com, tgl. 7–20 Uhr, ab 4 $

Faires Frühstück
Zazie 🍴 F 6
In diesem Lokal hinter der unscheinbaren Fassade speisen Sie ohne Gewissensbisse. Die Besitzerin, die eine typische American Dream-Karriere von der Tellerwäscherin zur Chefin absolviert hat, setzt sich seit Jahren hinsichtlich ihrer Belegschaft für soziale Errungenschaften von Krankenversicherung bis zu fairen Löhnen ein, die in den USA

noch lange kein Standard sind. Das gute Betriebsklima schlägt sich in der Qualität der servierten Gaumenfreuden und der lockeren Atmosphäre nieder. Übrigens: Trinkgeld wird nicht erwartet.

941 Cole St., Cole Valley, T 1-415-564-5332, www.zaziesf.com, Frühstück Mo–Fr 8–14, Sa/So 9–13 Uhr, 5–20 $

Zurück in die Petticoat-Ära
Mel's Drive-In G 2

Ein Hafen der Glückseligkeit für alle, die von der Musik und dem Ambiente der 1950er-Jahre träumen. An jedem Tisch können Gäste im Musikboxmenü nach ihren Lieblingssongs suchen. Nachts gibt der Diner mit seinem üppigen Neondekor ein tolles Bild ab. Übrigens: Ein gutes Frühstück gibt es neben nostalgischer Schwelgerei auch.

2165 Lombard St., T 1-415-921-2867, http://melsdrive-in.com/3647, So–Mi 6–1, Do 6–2, Fr/Sa durchgehend, ab 6 $

Liebesgrüße aus New Orleans
Brenda's French Soul Food
 Karte 2, J 4

Kreolische Hausfavoriten wie Shrimp & Grits (13,75 $) oder knuspriger Schweinebauch (12,75 $) zum Frühstück? Vielleicht eher eine Wahl, falls Sie an der Fassade der Transamerica Pyramid hochklettern wollen. Es gibt auch weniger massive Versuche, die Südstaatenküche

---

K
KAFFEE

San Francisco im Coffee-Hype. Seltene Kaffeebohnen: unumgänglich, Brühtechniken: zur Kunstform erhoben, Kaffeegenuss: unverzichtbarer Bestandteil des urbanen Lifestyles. Ambitionierte Cafés rösten ihren Kaffee natürlich selbst und zelebrieren den neuesten Trend: den Filterkaffee. Schonende Zubereitung per Siphon-Brühmethode mit einer Vakuum-Kaffeemaschine ist angesagt.

---

kennen zu lernen. Wie kreolisches Veggie-Omelett (10,75 $) oder Beignets mit Schokoladenfüllung (6,25 $).

652 Polk St., T 1-415-345-8100, http://frenchsoulfood.com, Mo/Di 8–15, Mi–Sa 8–22, So 8–20 Uhr, ca. 6–12 $

Einfach, aber gut
Plant Café Organic Karte 2, L 3

Die Philosophie des Lokals ist einfach und überzeugend: Frisch, biologisch, lokal. Dabei belässt es die Küche im Großen und Ganzen bei amerikanischen Klassikern wie Huevos Rancheros, Eggs Benedict, Omelette und Breakfast Burrito. Sollten Sie zu spät zum Frühstück kommen, lassen Sie sich einfach ein Mittagessen servieren.

3352 Steiner St., Marina District, T 1-415-931-2777, www.theplantcafe.com, Mo–Fr 10.30–21, Sa/So 9–21 Uhr, 7,50–13 $

WO ESSEN AUF NACHHALTIGKEIT TRIFFT

Öko extrem
The Perennial Karte 2, J 5

Kein Restaurant der Stadt hängt seine Qualitätsansprüche in Sachen Bio-Zutaten und sorgfältige Verarbeitung so hoch wie das Perennial. Viele Waren kommen aus einer Aqua- und Hydrokultur im benachbarten Oakland oder aus einem an das Lokal angeschlossenen Trakt, sozusagen einer ›lebenden Vorratskammer‹. Dort wachsen Sauerampfer, Basilikum und andere Kräuter auf speziell konstruierten Regalen und können im Sinne des Wortes erntefrisch verarbeitet werden.

59 Ninth St., T 1-415-500-7788, www.the perennialsf.com, Mo–Do 17.30–21.30, Fr/Sa bis 22.30 Uhr, 12–25 $

Süß & salzig, jedenfalls ökologisch
Mission Pie J 8

Hier steht nicht nur öko drauf, da ist auch öko drin, und zwar nicht nur im ökologisch angebauten Kaffee. Das Café bezieht seine Lebensmittel ausschließlich von Farmen, die artgerechte

Längst hat der Kaffeehype auch das Four Barrel Coffee erobert.

Tierhaltung und kontrollierten biologischen Anbau garantieren. Apfelkuchen, Walnusskuchen, Bananentorten und Snacks schmecken dementsprechend.
2901 Mission St, T 1-415-282-1500, http://missionpie.com, Mo 7–14, Di–Fr 7–22, Sa 8–22, So 9–22 Uhr, ab 6 $

Für Veggie lovers
Shizen Vegan Sushi Bar & Izakaya 🖐 Karte 2, J 6
Decke, Wände, Tische – nur poliertes Holz. Mit seinem minimalistischen Dekor lenkt das einer Wartehalle ähnliche Lokal die Aufmerksamkeit der Gäste auf die ausschließlich vegetarischen Gaumenkitzel. Der Küchenchef widmet der Zubereitung von Gemüse die gleiche Hingabe wie etwa Seafood. Das Ergebnis: tolle fleischlose Nudelsuppen *(ramen)* und Sushi ohne Fisch.
370 14th St., Mission District, T 1-415-678-5767, www.facebook.com/ShizenSF, tgl. 17–22 Uhr, ab ca. 10 $

Hauptsache gesund
Universal Cafe 🖐 K 7
In diesem freundlichen Lokal kommen in erster Linie Vegetarier auf ihre Kosten, die sich gesund ernähren wollen. Wer ein tolles Steak verdrücken will, ist auch nicht falsch. Die Küche legt auf biologische Zutaten großen Wert. Es gibt auch Tische draußen. An Wochenenden herrscht Hochbetrieb. Die Speisekarte bleibt nicht lange dieselbe.
2814 19th St., Mission District, T 1-415-821-4608, www.universalcafe.net, Di–Do 11.30–14 und 17.30–21, Fr/Sa 9.30–14 und 17.30–22, So 9.30–15 Uhr, Mo Ruhetag, 7–20 $

›Wunderzutat‹ Quinoa
Fleur de Sel 🖐 Karte 2, K 3
Die Bio-Salate schmecken nicht nur, wenn man nach einer Fleischorgie am Vortag ein schlechtes Gewissen hat. Probieren Sie den Organic Chicken Salat mit Mango, in dem sich zwar Speckspuren finden. Darüber können Sie aber hinweg sehen, weil der tolle Geschmack überwiegt. Falls Sie auf nährstoffreiche, basische und glutenfrei Quinoa-Samen Wert legen, bestellen Sie sich einen Organic Quinoa Salad.
308 Kearny St., T 1-415-956-5005, http://fleur deselgourmet.com, Mo–Fr 7–19 Uhr, ca. 10 $

Unverfälscht biologisch
Nourish Cafe 🖐 E 4
Jede Wette, dass Sie als gewohnheitsmäßiger Fleischesser bei einem heroischen Selbstversuch in diesem zu 100 % vegetarischen Restaurant absolut nichts vermissen. Die Speisen aus nachhaltiger Herstellung sind nicht nur geschmacklich top, sondern außerdem auch sehr appetitlich angerichtet.

189 6th Ave., Inner Richmond, T 1-415-571-8780, www.nourishcafesf.com, Mo–Do 7–19, Fr 7–15, Sa/So 9–15 Uhr, ab ca. 8 $

Trauen Sie sich!
Farmerbrown  Karte 2, K 4

Dass sich hinter dem rostigen Gittereingang des Eckhauses ein bio-bewusstes Restaurant mit netter Atmosphäre befindet, ist von außen nicht zu erkennen. Wer sich von der drögen Fassade nicht abschrecken lässt, bekommt im den Südstaaten beheimatetes Soul Food von ausgezeichneter Qualität vorgesetzt. Eine sympathische Note des Lokals: Die Besitzer setzen sich für afro-amerikanische Farmer ein, die in Konkurrenz mit weißen Farmern nicht selten einen schweren Stand haben.

25 Mason St., Civic Center, T 1-415-409-3276, www.farmerbrownsf.com, Mo–Fr 9.30–14.30 und 17–21, Sa/So bis 22 Uhr, Hauptgerichte 16–24 $

INSTITUTIONEN UND SZENETREFFS

Promitreff ohne Dünkel
Tosca Café  Karte 2, K 2

Wo sich schon Berühmtheiten wie Sean Penn, Johnny Depp und die Ballett-Legende Rudolf Nurejew sehen ließen, verkehren noch immer Gäste mit prominenten Namen. Das Tosca ist geblieben, was es seit Jahrzehnten war:

Unsterblicher Klassiker: das Tosca Café

eine unaufdringliche Institution ohne Starallüren. Manche kommen nur, um den House Cappuccino (12 $) mit Armagnac, Bourbon, Ganache-Schocolate und Biomilch zu genießen. Für 25 Cent gibt es dazu den Lieblingssong aus der Musikbox.

242 Columbus Ave., North Beach, T 1-415-986-9651, http://toscacafesf.com, tgl. 17–2 Uhr, ab 12 $

Verwegene Flavors
Mr. & Mrs. Miscellaneous  M 7

Manche Zuckerschnuten schwören, dass es sich bei diesem Eiscremegeschäft um das beste in der Stadt handelt. Außergewöhnlich sind manche Geschmacksnoten auf jeden Fall: Grüner Jasmintee, Kürbis, Fernet-Branca, kandierter Ingwer oder Burnt Sugar, auf der Zunge salzigem Karamel nicht unähnlich.

699 22nd St., T 1-415-970-0750, Mi–Sa 11.30–18, So bis 17 Uhr, ab 5 $

Hipster-Treff
Namu Gaji  H 6

Nicht nur coole Atmosphäre macht das amerikanisch-koreanische Lokal zum Hit, sondern auch Gerichte wie Ramagnolotti (Schweinebauch) oder Lamm-Tsukune, deren hauptsächliche Zutaten von der familieneigenen Farm stammen. Für durstige Seelen wird das Bier vom Fass auch im Pitcher (Krug) serviert. Gäste sitzen entweder am Tresen oder teilen sich einen langen Tisch mit anderen. Förderlich für die Kommunikation.

499 Dolores St., Mission, T 1-415-431-6268, www.namusf.com, Di 17–22, Mi–So 11.30–15 und 17–22 Uhr, Mo Ruhetag, 15–24 $

Im neuen Trend
Nopa  G 5

Überfällt Sie nach Mitternacht noch die unstillbare Lust auf hausgemachte Pasta, haben Sie Probleme, noch ein offenes Restaurant zu finden. Nopa ist auf späte (oder frühe) Gäste spezialisiert und hält seine Küche bis 1 Uhr früh geöffnet. Das Lokal liegt voll im neuen Communal Table-Trend, d. h. man teilt einen langen Tisch mit anderen

Gästen – in den USA gemeinhin ziemlich unüblich, aber im Kommen.

560 Divisadero St., Hayes Valley, T 1-415-864-8643, www.nopasf.com, tgl. 17–1 Uhr, 14–29 $

Cooles Ambiente
Park Tavern Karte 2, K 2
Ein in den Fußboden eingelegtes Mosaiklogo gleich hinter dem Eingang macht den Anspruch des Lokals deutlich, in der Kategorie ›gehoben‹ gelistet zu werden. Das coole Interieur schlägt in dieselbe Kerbe. Kein Wunder, dass am Tresen oder den einzelnen Tischen gerne Gäste Platz nehmen, die von einem Restaurantbesuch nicht nur Top-Küchenerzeugnisse, sondern auch ein kultiviertes Ambiente erwarten. Wer Lust auf eine Tasse Kaffee oder einen Snack hat, kann sich auch vor das Lokal setzen.

1652 Stockton St., North Beach, T 1-415-989-7300, http://parktavernsf.com, So–Do 17.30–22, Fr/Sa bis 23 Uhr, 23–38 $

Hochprozentig und fremdländisch
Whitechapel Karte 2, J 4
Im Grunde genommen handelt es sich um eine Hotelbar, die voll und ganz auf eine einzige Art von ›Feuerwasser‹ spezialisiert ist: Gin. Der farblose Wacholderschnaps hilft aber nicht nur einer fast nicht zu überblickenden Cocktail-Palette auf die Sprünge, sondern auch manchen Gerichten, die der Küchenchef kreiert, u. a. mit Hilfe von speziellen exotischen Gewürzen aus Bangladesh.

600 Polk St., T 1-415-292-5800, http://whitechapelsf.com, So–Mi 17–1, Do–Sa 16–2 Uhr, die Küche schließt um Mitternacht, Gerichte 9–25 $

EXPERIMENTIERFREUDIG UND UNGEWÖHNLICH

Revolution in Schüsseln
Eatsa Karte 2, L 3
San Francisco bricht wieder einmal einem neuen Trend die Bahn. Eatsa ist ein futuristisches Schnellrestaurant wie aus einem Science Fiction-Streifen. Und ein Wallfahrtsort nicht nur für Nerds aus der Tech-Branche. Sie ordern

---

T
TIP

Ein ›Tip‹ in Höhe von 15 bis 20 % ist fast überall üblich. Dabei handelt es sich in Wahrheit nicht um Trinkgeld, sondern um einen Ausgleich für das, was die Lokale an Löhnen nicht zu zahlen bereit sind. Manche Wirte trauen sich sogar, auf die Rechnung einen fünfprozentigen Obama-Care Surcharge zu erheben, um die Gäste an der von Präsident Obama eingeführten Krankenversicherung zu beteiligen!

Ihr streng vegetarisches Schüsselchen Chili con Quinoa (508 Kalorien/21 gr Protein) oder Ihr No Worry Curry (494 Kalorien/16 gr Protein) an einem *in-store* iPad an futuristischen Terminals. Eine wichtige Zutat fast aller Gerichte ist Quinoa, eine pflanzliche Eiweißquelle aus den Anden. Sobald Ihr Name auf einer durchsichtigen Klappe auftaucht, können Sie Ihr Essen aus dem Fach ziehen. Bezahlt wird per Kreditkarte. Schöne neue Welt! Oder doch nicht?

121 Spear St., Financial District, www.eatsa.com, tgl. 11–17 Uhr, jedes Gericht 6,95 $

Für Entdeckerseelen
Prubechu J 8
Das ist ein Tipp für waghalsige Gäste: die Küche der Pazifikinsel Guam. Spanische, japanische und amerikanische Einflüsse sorgen für Aromen, die man in dieser Kombination in San Francisco sonst nirgendwo findet. ›Rohstoffe‹ wie Kokosnuss, Yams und Taro sind außerhalb des Lokals auch eher selten.

2847 Mission St., T 1-415-952-3654, www.facebook.com/Prubechu, Di–Sa 17–22 Uhr, 5-Gänge-Probiermenü 40 $, à la carte ab 12 $

Denker-Oase
Interval H 1
Was ist das eigentlich? Eine Cocktailbar, ein Café, ein Museum? Von allem etwas. In den Regalen an den Wänden stehen

Meisterwerke und Lexika über alle Wissensbereiche. An den Tischen hocken in Laptops versunkene Nerds. Der Hit: Ein aus 10 Glocken bestehendes mechanisches Glockenspiel, das 10 000 Jahre lang für jeden Tag eine neue Melodie erfindet.

2 Marina Blvd., Bldg A, Fort Mason Center, T 1-415-561-6582, http://theinterval.org, tgl. 10–24 Uhr, ab ca. 7 $

Das Auge isst NICHT mit
Opaque 🍴 Karte 2, J 4
Das Auge isst mit, sagt die Volksmund. Dass die Geschmacksnerven auch aktiviert werden, wenn man nichts sieht, behaupten die Betreiber dieses Restaurants. Konsequenz: Sie verpflegen ihre Gäste unter Mithilfe blinder Kellner in vollkommener Dunkelheit. Die Speisenfolge sucht man aus dem Menü in einem beleuchteten Raum aus und wird danach in den stockdunklen Speisesaal geleitet.

689 McAllister St., T 1-800-710-1270, http://sf.darkdining.com, Mi–Sa 18.30–23.30 Uhr, Menü zu fixen Preisen 99 $

Kalorienbomben ›out‹
Taqueria Pancho Villa 🍴 J 6
Mexikanische Spezialitäten stehen in der Regel nicht im Ruf, einer schlanken Küche zu entstammen. Dieses Lokal, das mit seiner Schnellimbissatmosphäre eher an eine Kantine erinnert, macht eine Ausnahme. Gekocht wird mit frischen Ingredienzien, ohne Konservierungsstoffe und mit wenig Fett. Was dabei herauskommt, lässt sich schmecken.

3071 16th St., Mission District, T 1-415-864-8840, http://panchovillataqueria.net, tgl. 10–23.30 Uhr, ab ca. 7,50 $

Alles sauber
Brainwash Café 🍴 Karte 2, K 5
Eigentlich wollte die Besitzerin einen Nachtclub gründen. Als sie erfuhr, dass im Viertel ein Waschsalon dringend notwendig war, entschied sie sich zu einem Lokal mit einem verwegenen Mix von Wasch- und Kaffeemaschine.

1122 Folsom St., SoMa, T 1-415-861-3663, www.brainwash.com, Mo–Sa 7–22, So 8–22 Uhr, Finger Food 8–12 $

High End Pizza
Capo's 🍴 Karte 2, K 2
Falls Sie es noch nicht gewusst haben: Es gibt Weltmeisterschaften im Pizza-backen (www.worldpizzachampions. com). Wenn Sie sich von einem echten World Champion eine Old Chicago oder eine Michigan Avenue zubereiten lassen wollen, haben Sie im Lokal von Tony Gemignani dazu Gelegenheit. Er hat sich auf Pizzen im typischen Chicago Style spezialisiert.

641 Vallejo St., T 1-415-986-8998, www. sfcapos.com, tgl. 11.30–14.30, Mo–Do 16.30–22.30, Fr/Sa bis 23, So bis 22.30 Uhr, 19–35 $

Fantasy Dining
Forbes Island 🍴 Karte 2, K 1
Eine Tauchausrüstung brauchen Sie für Ihr Unterwasser-Dinner zwischen Bullaugen und Nautikkitsch nicht. Am Ende von Pier 39 bringt Sie das Wassertaxi ›Titanic‹ auf die zwei Steinwürfe entfernte künstliche Insel mit dem Leuchtturm hinüber, auf der Sie unterhalb der Wasseroberfläche speisen. Bei hohem Wellengang verschieben Sie Ihr Abendessen besser, falls Sie gegen Seekrankheit nicht immun sind.

Pier 39, T 1-415-951-4900, www.forbesisland. com, tgl. ab 17 Uhr, 4-Gänge-Menü 75 $

Ein Hauch Maghreb
El Mansour Restaurant 🍴 B 4
Falls Sie zum letzten Mal an Ihrem 3. Geburtstag mit den Händen in einem Schokoladenkuchen gegraben haben, können Sie diese Esstechnik jetzt bei marokkanischem Fisch-Tagine und Lamm-Kebab kultivierter anwenden. Von Tausendundeiner Nacht lassen Sie die Bauchtänzerinnen Khalilah und Yasmine träumen.

3119 Clement St., T 1-415-751-2312, www.el mansour.com, Di–So 17–22 Uhr, Menü 40,50 $

Für Küchenspione
Heirloom Café 🍴 J 7
Besondere einheimische und internationale Weine sowie unkomplizierte Speisen sind die Pfunde, mit denen das Lokal gerne wuchert. Spezielle Unterhal-

tung bietet nicht nur die Hintergrund-
musik à la Charlie Parker, Duke Ellington
oder Dave Brubeck. Von vielen Plätzen
kann man in der offenen Küche den
Angestellten auf die Finger schauen.

2500 Folsom St., Mission, T 1-415-821-2500,
https://heirloom-sf.com, Mo–Sa 18–22 Uhr,
13–25 $

Abstecher ins Gestern
Walzwerk  Karte 2, J 6

Erich Honecker, Sigmund Jähn, Karl
Marx und Lenin in Bilderrahmen an der
Wand? Zwei Thüringer Frauen beschlos-
sen, ein Stückchen DDR in San Francisco
überleben zu lassen. Das ziemlich
spartanische Interieur passt ebenso zum
Thema wie die Sammlung ostdeutscher
Speisen von Soljanka über Kartoffel-
puffer und Bratwurst Thüringer Art bis
Rinderroulade. Dass auch Käsespätzle
auf den Tisch kommen, ist vermutlich
ein kulinarisches Zugeständnis an
Stadtbesucher aus dem Schwabenland.
Dass sich auch die DDR-Oase dem
fleischlosen Hype nicht entziehen kann,
beweisen vegetarische Schnitzel und
Krautrouladen.

381 S. Van Ness Ave., T 1 415-551-7181, www.
walzwerk.com, Di–Sa 17.30–22 Uhr, Hauptgerichte 16–19 $

Höhere Weihen für Fast Food
Burger Bar Karte 2, K 4

Etwas Besonderes gefällig? Der vielfach
ausgezeichnete Küchenchef Hubert
Keller aus Ribeauville im Elsass war der
erste, der dem amerikanischen Burger
Zugang in die Haute Cuisine verschaff-
te. Ein mutiges Unterfangen. Statt im
Schnellimbissambiente speisen Sie in
Kellers Burger Bar in gediegener Atmosphäre und können aus dem 6. Stock
des Kaufhauses Macy's den tollen Blick
auf den Union Square genießen.
Wenn Sie Ihrem lukullischen Höhenflug
die Krone aufsetzen wollen, bestellen
Sie sich einen Rossini-Burger mit Foie
Gras und Trüffeln. Kostenpunkt stolze
65 $!

251 Geary St., T 1-415-296-4272, www.
burger-bar.com, So–Do 11–22, Fr/Sa 11–24
Uhr, 14–25 $

Websites, die über die Restaurant-
szene in San Francisco und aktuelle
Diskussionen informieren: http://
sf.eater.com; www.seriouseats.
com; http://tablehopper.com. Bei
›besseren‹ Restaurants bietet sich
eine Reservierung an – entwedr
über die jeweilige Webpage oder
unter www.opentable.com.

Tolles Design
Outerlands A 7

Die raffinierte Mischung von rustikalem
Blockhausstil und cooler Moderne
haben das Lokal hauptsächlich für
junge Leute zu einem populären Treff
gemacht. Die hippe Bar bildet im
Dielendesign der Decke und der Wände
einen tollen Kontrast. Für die Popularität
des Lokals ist auch die Qualität der
Speisen verantwortlich, die zum Teil aus
organisch angebauten Zutaten gekocht
werden. Ein Publikumsrenner ist der
Brunch am Wochenende.

4001 Judah St., T 1-415-661-6140,
http://outerlandssf.com, tgl. ab 9 Uhr, 15–17
Uhr geschl., 13–27 $

*Für Zuckerschnuten: Sweet Dutch
Pancakes mit Ricotta und Erdbeeren im
Outerlands*

Nüchtern bleiben im Konsumrausch!

Steht bei Ihnen ein Shopping-Tag auf dem Programm, ziehen Sie sich am besten vor dem Start bequeme Schuhe an. Denn außer den High End Shoppingzielen im Umfeld des Union Square verteilen sich unabhängige Spezialitätengeschäfte, tolle Boutiquen und schräge Läden über die ganze Metropole. Zur Weltstadtreputation und zum Ruf der Bay-Metropole als kreativ und innovativ gehört, dass es nichts gibt, was es nicht gibt. Kein Konsumgut, kein Gegenstand ist zu abgefahren, für alles gibt es einen Laden – von Hundeklamotten über präparierte Jagdtrophäen bis zu Venusfliegenfallen und Tattoo-Entwürfen russischer Ganoven.

ZUM SELBST ENTDECKEN

Eine exotische Warenwelt erwartet Sie in **Chinatown.** Zwischen Tonnen von Kitsch und Tand finden Sie Reisemitbringsel wie Jadeschmuck, bestickte Tischdecken, Seidenstoffe, Vasen oder Kimonos. Eine andere beliebte Einkaufsgegend ist der **Marina District,** in dem sich an der Union und Chestnut Street viele Boutiquen aneinander reihen. Im Stadtteil **Pacific Heights** ist die Filmore Street zwischen Jackson und Sutter Street ein perfekter Abschnitt, um Kreditkarten auf ihre Belastbarkeit zu prüfen. Zu den angesagten Shopping-Gebieten gehört **Hayes Valley** mit schicken Geschäften, aber auch der **Mission District,** wo sich die 16th und 17th Street sowie die Valencia Avenue in populäre Konsummeilen verwandelt haben.

Waren werden überall in den USA stets mit Nettopreisen ausgeschrieben. Das bedeutet, dass beim Bezahlen eine kalifornische Sales Tax (Verkaufssteuer) in Höhe von 8,75 % noch hinzukommt. Sonderangebote finden Sie in vielen Geschäften das ganze Jahr hindurch. Für Power-Shopper besonders interessant wird es aber am Tag nach Thanksgiving im November (immer ein Donnerstag). Denn am Black Friday bricht die größte Rabattschlacht des Jahres aus und macht dieses Datum zum umsatzstärksten Tag des US-Einzelhandels. Hauptsächlich in Elektronikgeschäften herrscht ein Riesenrummel. Auf das Thanksgiving-Wochenende folgt der Cyber Monday, an dem Online-Shops mit tollen Sonderangeboten das profitable Weihnachtsgeschäft einläuten.

Uneinnehmbare Zitadelle der Literatur: das berühmte City Lights

BÜCHER UND MUSIK

Institution in Sachen Bücher
City Lights 🏛 Karte 2, K 2

San Francisco besitzt nicht nur bauliche Wahrzeichen, sondern auch literarische. Das 1953 vom Schriftsteller Lawrence Ferlinghetti gegründete City Lights darf sich ohne Übertreibung als wichtigste literarische Zitadelle der Stadt bezeichnen. Nicht nur, weil es sich um die erste Buchhandlung in den USA handelt, die ausschließlich Taschenbücher verkaufte, sondern weil in diesen Räumen die Wiege der Beat Generation stand. Zu den ausgestellten Ikonen zählt ein Exemplar von Allen Ginsbergs Gedicht Howl, das dem Verleger Ferlinghetti eine Anzeige wegen Verbreitung pornographischer Schriften einbrachte. Der Fall schlug hohe Wellen und wurde am Ende zugunsten von Ginsberg und Ferlinghetti entschieden.

261 Columbus Ave., T 1-415-362-8193, www.citylights.com, tgl. 10–24 Uhr

Oase für Leseratten
Green Apple Books 🏛 E 4

Wer ein Herz für Bücher hat, fühlt sich zwischen den Regalen sofort wohl. Neben Literatur aller Genres bietet das Geschäft auch internationalen Lesestoff und ein modernes Antiquariat mit Tauschmöglichkeiten. Von zahlreichen Autoren aus der Bay-Area sind signierte Werke im Angebot. Musikliebhaber kommen in der Schallplatten- und CD-Abteilung ebenfalls auf ihre Kosten.

506 Clement St., T 1-415-387-2272, www.greenapplebooks.com, So–Do 10–22.30, Fr/Sa bis 23.30 Uhr

Zum Ablachen
Isotope Comics 🏛 Karte 2, J 5

Sind Sie mit dem falschen Bein aufgestanden, kann Ihnen die große Auswahl an Comic-Büchern vielleicht den Tag retten. In den Regalen finden Sie nicht nur Mainstream-Veröffentlichungen, sondern auch Bücher und Hefte von Autoren, die im Selbstverlag publizieren. Machen Sie es sich auf einer roten Ledercouch bequem und beschäftigen Sie sich mit den humorvollen Seiten des Lebens.

326 Fell St., Hayes Valley, T 1-415-621-6543, www.isotopecomics.com, Di–Fr 11–19, Sa/So 11–18 Uhr, Mo Ruhetag

Amüsement auf Platte und DVD
Rasputin 🏛 F 6

Ein gute Fundgrube für DVDs, sowohl was Musik als auch Filme und Video Games anbelangt. Hinter der im Hippie-Stil dekorierten Fassade verteilen sich sowohl neue wie auch Second-Hand-Exemplare aller Genres. Hier werden auch Fans von Songs und Kinoklassikern aus längst vergangenen Jahrzehnten fündig.

1672 Haight St., T 1-415-863-2448, www.rasputinmusic.com, Mo–Do 11–19, Fr/Sa bis 20, So bis 18 Uhr

Kein Mainstream
Aquarius Records 🏛 J 7

Fans von Doom-Bands wie Black Sabbath, The Obsessed oder Saint Vitus, elektronischer Musik, Metal und Punk kommen auf ihre Kosten. Weniger gut bestückt ist das Geschäft, wenn Sie auf der Suche nach Folk, Klassik oder Rock und Pop sind. Für Entscheidungsschwache hat der Laden ein Regal aufgebaut, in dem die Favoriten des Verkaufspersonals stehen.

1055 Valencia St., T 1-415-647-2272, www.aquariusrecords.org, So–Mi 10–21, Do–Sa 10–22 Uhr

Hier gibt's was auf die Ohren
The Explorist International 🏛 J 7/8

Tonnen von Jazz, Funk, Soul, Pop und elektronischer Musik. Das Verkaufspersonal kennt sich aus und kann bei der Suche wirklich behilflich sein. Bevor man sich für einen Kauf entscheidet, kann man das jeweilige Produkt anhören. Sonderangebote kriegen Sie zu reduzierten Preisen.

3174 24th St., Mission District, T 1-415-678-5691, www.exploristinternational.com, Di–Sa 11–20, So 12–18 Uhr

Aus zweiter Hand
Recycled Records 🏛 G 6

Das kleine Musikimperium hat sich auf Second-Hand-Schallplatten und

Vitaminfundgruben für die Stadtbevölkerung: die Obst- und Gemüseberge auf den Farmers Markets

zum Teil auf Raritäten spezialisiert, die man sonst nicht ohne weiteres findet. Damit ist das Angebot aber längst nicht ausgereizt. Man bekommt auch CDs, Filme, Bücher, Poster und jede Menge Sammlerstücke.

1377 Haight St., T 1-415-626-4075, www.recycled-records.com, tgl. 10–20 Uhr

⋯⋯⋯⋯⋯⋯⋯⋯⋯⋯⋯⋯⋯⋯

DELIKATESSEN UND LEBENSMITTEL

⋯⋯⋯⋯⋯⋯⋯⋯⋯⋯⋯⋯⋯⋯

Aufguss mit Eigenschaften
Red Blossom Tea Company
🅰 Karte 2, K 3

Mitten in Chinatown liegt eine Oase, in der Produktnamen wie Yiwu Pu-Erh Bing, Ming Qian Dragonwell Panan, Da Yu Lin oder Golden Monkey erahnen lassen, dass man in keinem üblichen Teegeschäft gelandet ist. Der in zweiter Generation geführte Familienbetrieb erweist sich geradezu als eine exotische Hochschule in Sachen Tee. Den Angestellten ist keine einschlägige Frage zu schwer oder lästig. Tee ist nicht nur ihr Geschäft, sondern auch ihre Leidenschaft.

831 Grant Ave., T 1-415-395-0868, www.red blossomtea.com, Mo–Sa 10–18, So 11–17 Uhr

Salami- und Pastahochburg
Lucca Ravioli Company 🅰 J 7

Seit 1925 importiert das Feinkostgeschäft Wurst, Käse, Wein, Olivenöl und Pasta aus dem Ausland, hauptsächlich aus Italien, und gilt längst als eine Institution für hochwertige Gaumenkitzel. Dass die Ladenbesitzer der Tradition Priorität einräumen, lässt sich sogar an der bronzenen Registrierkasse hinter dem Verkaufstresen erkennen, die einem zwischen aufgehängten Salamis, Schinken und Knoblauchzöpfen vorkommt wie ein dekoratives Museumsstück.

1100 Valencia St., Mission District, T 1-415-647-5581, www.luccaravioli.com, Mo–Sa 9–18 Uhr, So Ruhetag

Was für ein Saftladen!
SideWalk Juice 🅰 J 7

Man glaubt den Energieschub bereits zu spüren, wenn man die Zutaten des Green Energy Juice nur liest: Spinat, Petersilie, Krauskohl, Sellerie, Gurke, Apfel, Limone und Ingwer. Andere Drinks unter den Top 10 heißen Bruce Lee, Purple Energy Juice und Acai Bowl. Alle haben eines gemein: Sie werden frisch hergestellt. Wer lieber Smoothies oder Kombucha mag: Auch kein Problem.

3287 21st St., Mission District, T 1-415-932-6221, www.sidewalk-juice.com, tgl. 9–19.30 Uhr, 4,25–7 $

Lieber fruchtig als süß
Maison de Monaco 🅐 Karte 2, L 4
Viele Marmeladen bestehen zu 50 % aus Zucker. Das lokale Maison de Monaco wehrt sich mit seiner Marmeladenproduktion gegen die Süß- und Kalorienattacke und stellt Brotaufstriche mit 70 % Fruchtanteil ohne jegliche Konservierungsmittel her. Die Geschmackskombinationen klingen verführerisch: Erdbeer-Schwarze Johannisbeere, Pfirsich-Lavendel, Aprikose-Hibiskus. Man bekommt die Produkte u. a. im Whole Foods Markt in SoMa.
399 Fourth St., T 1-415-618-0066, www.whole foodsmarket.com/stores/soma, tgl. 8–22 Uhr

··

FLOH- UND STRASSENMÄRKTE

··

Die Mutter aller Bauernmärkte
Alemany Certified Farmers' Market 🅐 südl. K 8
Hier steht die Wiege der kalifornischen Bauernmärkte. Seit 1943 gibt es den Alemany Market, bis 1947 zwar an anderer Stelle, aber der Verkauf von frischen Farmprodukten hat sich nicht groß geändert. Bis auf die Tatsache, dass heute Bio-Produkte die Verkaufsrenner sind. Auf der Südseite des Parkplatzes sorgen mehrere Straßenverkäufer für das leibliche Wohl.
100 Alemany Blvd. am Highway 101/280, http://sfgov.org/realestate/alemany-farmers-market, Sa ab 6 Uhr

Der Bauch von San Francisco
Heart of the City Farmers' Market 🅐 Karte 2, K 4
In Anbetracht der langen Marktzeiten kann es durchaus sein, dass manche Stände vor 15 Uhr ausverkauft sind. Falls Sie etwas Besonderes suchen und nicht finden: An der Kreuzung von Hyde und Fulton St. gibt es ein Informationszelt.
United Nations Plaza, Market St., zwischen 7th & 8th St., http://heartofthecity-farmersmar.square space.com, ganzjährig So 7–17, Mi 7–17.30 Uhr

Sonntäglicher Spaßevent
Fort Mason Center Farmers' Market 🅐 H 2
Drei Dutzend Bauern bescheren jeden Sonntagvormittag den Einwohnern im Marina District ein ganz besonderes Wochenendvergnügen. Auf dem Bauernmarkt versorgt man sich nicht nur mit frischem Obst, Gemüse, Käse und neuestem Stadtteilklatsch, sondern kann an einigen Ständen auch probieren, was als erstes oder zweites Frühstück angeboten wird.
Fort Mason Center, Marina District, www.ca farmersmkts.com/fort-mason-center-farmers-market, ganzjährig So 9.30–13.30 Uhr

Frisch vom Acker
Castro Farmers' Market 🅐 H 6
Der expandierende Markt bringt mit unterschiedlichen Obstsorten, knackigen Salaten aus der Bay Area, Honig und Bauernkäse einen Hauch Ländlichkeit in den Betondschungel der Stadt. Damit Marktbesucher nicht nur etwas zu schnuppern und zu sehen haben, tritt jede Woche ein anderer Straßenmusiker auf.
Ecke Noe und Market St., Castro, www.mycas tro.com/farmers-market, Mitte März–Mitte Dez. jeweils Mi ab 16 Uhr

Show mit Äpfeln und Birnen
Fillmore Farmers' Market 🅐 H 4
Obst, Gemüse, Nüsse, Kräuter, Beeren, Eier und Honig stammen ausschließlich aus regionalem Anbau und dürfen sich größtenteils ökologisch produziert nennen. Unterschiedliche Restaurants des Stadtviertels bieten Brotsorten, süße Teilchen, Käse, Soßen und Leckereien aus ihren Küchen an. Live Jazz trägt zur guten Marktstimmung bei.
1475 Fillmore St., Fillmore Center Plaza, Fillmore, www.thefillmoredistrict.com/dss_pages/dss_far mersmarket.html, ganzjährig Sa 9–13 Uhr

Park in Feierlaune
Really Really Free Market 🅐 H 7
Zweifach eine gute Gelegenheit – zum einen für Leute, die ihre Keller und Dachböden leer räumen möchten, zum anderen für Schnäppchenjäger auf der Suche nach preisgünstigen und

ACHTUNG

Kaufen Sie Elektrogeräte, sollten Sie sicherstellen, dass Ihr Schnäppchen auch zu Hause funktioniert. Und denken Sie daran, dass Sie auf der Rückreise nur Waren im Wert von bis zu 430 € zollfrei einführen dürfen. Die Internetadresse www.shopikon.com/san-francisco/shopping-guide listet unterschiedliche Warenkategorien und parallel dazu Stadtteile mit konkreten Shoppingadressen auf, vor allem kleinere, unabhängige Läden, keine Ketten und großen Malls.

vielleicht seltenen Angeboten. Der Flohmarkt wird regelmäßig zu einem großen, bunten Volksfest.
19th. & Dolores St., Dolores Park, Mission District, www.fleamarketinsiders.com/san-francisco-bay-area-flea-markets/9/, jeden letzten Sa im Monat 13–18 Uhr

GESCHENKE, DESIGN, KURIOSES

Schokoladige Weltreise
Chocolate Covered 🔒 H 8
Allein die Zahlen beeindrucken: 800 unterschiedliche Schokoladenarten aus 19 Ländern. Wenn Sie etwas Süßes suchen, was Sie noch nie probiert haben, werden Sie in diesem Geschäft garantiert fündig. Verkauft werden auch hübsche, mit San Francisco-Motiven dekorierte Geschenkboxen. Sie können für eine Extragebühr von 10 $ auch Ihr eigenes Konterfei aufdrucken lassen, als personalisiertes Mitbringsel.
4069 24th St., Noe Valley, T 1-415-641-8123, www.chocolatecoveredsf.com, tgl. 10.30–19.30 Uhr

Schick und nützlich
Dijital Fix 🔒 J 7
Kein übliches Elektronikgeschäft. Wer hier einkauft, hat nicht nur ein bestimmtes Produkt, sondern auch ein attrak-

tives Design im Sinn: wie etwa einen Plattenspieler in einem kleinen Handkoffer im Retro-Stil, lederüberzogene Kopfhörer, Laptoptaschen und USB Flash Drive wie vom anderen Stern. Außer Elektronik finden Design-Liebhaber u. a. Clips für Geldscheine aus Kupfer, Bronze oder mit Gold beschichtet, ausgefallenen Schmuck, Schminktäschchen und vieles mehr.
820 Valencia St., Mission District, T 1-415-666-2256, dijitalfix.com, tgl. 10–20 Uhr

Wo die Welt an Wänden hängt
Schein and Schein 🔒 Karte 2, K 2
Landkarten laden zum Träumen und Fantasieren ein. Das gilt auch für dieses Geschäft, in dem historische Karten über viele Länder der Erde von Russland bis Australien auch in unterschiedlichen Sprachen angeboten werden. Der Schwerpunkt liegt allerdings auf Kalifornien und San Francisco, wie etwa illustrierte Karten der Bay-Metropole aus dem 19. und 20. Jh. zeigen.
1435 Grant Ave., North Beach, T 1-415-399-8882, www.scheinandschein.com, So/Mo 11–17, Di–Fr 11–18, Sa 10–19 Uhr

Das Design macht's
Gravel & Gold 🔒 J 7
Mode, Keramik, kosmetische Produkte, Keramik und Schmuck – den meisten Angeboten sieht man an, dass sie nicht von der Stange stammen und in jedem x-beliebigen Geschäft zu haben sind. Als Geschenke für Frauen, die einen eher außergewöhnlichen Geschmack haben, eignet sich manches Täschchen wegen des ins Auge springenden Designs bestens.
3266 21st St., T 1- 415-552-0112, http://gravelandgold.com, Mo–Sa 12–19, So 12–17 Uhr

Markenzeichen: Ausgeflippt!
Piedmont Boutique 🔒 G 5/6
Bereits der Blick auf die Ladenfassade nährt den Verdacht: Hier handelt es sich um kein normales Geschäft. Im Obergeschoss hängt eine Schaufensterpuppe ihre Beine in roten High Heels und Netzstrümpfen aus dem Fenster. Drinnen dekorieren schrillbunte Perü-

cken, Hüte in allen Formen und Farben, Federschmuck, modischer Fummel, sexy Wäsche, eine Million versponnene Accessoires die Wände – eine verlässliche Ausstattungsquelle für Halloween, Disco-Partys, Gay-Paraden, Drag Queen-Wahlen und Karneval-Events.

1452 Haight St., Haight-Ashbury, T 1-415-864-8075, www.piedmontboutique.com, tgl. 11–19 Uhr

Konsumentengrüße aus Fernost
Daiso 🔒 Karte 2, L 3

Tauchen Sie ein in die fremde Welt dieses japanischen Supermarktes für Billigprodukte. Geschirr, Kinderspielzeug, Kosmetika, Putzmittel, LED-Taschenlampen, Snacks und Waren, die man mit bestem Willen nicht identifizieren kann. Zum Anschauen und Staunen lohnt sich der Abstecher. Nur zum Anschauen und Staunen!

570 Market St., Financial District, T 1-415-391-7369, daisojapan.com, Mo–Fr 10–20, Sa 10–19, So 10–18 Uhr

······························

MODE, ACCESSOIRES

······························

Super Mode, super Preise
Cary Lane Designer 🔒 Karte 2, J 5

Designermode zu Discountpreisen für sie und ihn bietet diese Boutique an. Die Neuware wie Schuhe, Mäntel, Jacken, Kleider, Sweater, Handtaschen, Uhren und Accessoires entstammen meist der vergangenen Saison, kosten dafür aber bis zu 80 % weniger.

560 Laguna St., Hayes Valley, T 1-415-896-4210, www.carylanesf.com, Mo–Sa 11–19, So 12–18 Uhr. Adresse einer zweiten Filiale: 3153 16th St., Ecke Valencia, Mission District

Hübsch und bezahlbar
Retail Therapy 🔒 G 2

Der letzte Schrei in Sachen Mode muss nicht das Konto sprengen. In diesem Geschäft, das jeweils mittwochs und freitags neue Ware bekommt, können Kunden mit Preisabschlägen von bis zu 50 % rechnen – für Damenmode, Handtaschen, Schmuck, Schals …

2086 Chestnut St., Marina District, T 1-415-373-0420, http://needretailtherapy.com, Mo–Sa 11–19, So 12–17 Uhr

Attraktiver Fummel
Buffalo Exchange 🔒 F 6

Geradezu auf Vintage- und Retrokleidung programmiert ist der Stadtteil Haight-Ashbury, die ehemalige Hippie-Hochburg. Das Geschäft bietet neben Neuware auch Secondhand Herren- und Damenmode sowie Accessoires an, wobei die Kleidungsstücke in der Regel in sehr gutem Zustand sind.

1555 Haight St., T 1-415-431-7733, www.buffaloexchange.com/locations/san-francisco/haight-st, tgl. 11–20 Uhr

Der ausgeflippte Charakter der Piedmont Boutique lässt sich auf den ersten Blick erkennen.

Be sure to wear some flowers in your hair

Erinnern Sie sich an berühmte Songs wie »I Left My Heart In San Francisco«, »If you're going to San Francisco« und »Sittin' On The Dock Of The Bay«? Wahrscheinlich wurden über kaum eine andere Weltstadt so viele Lieder geschrieben wie über San Francisco. Ein klarer Beweis dafür, dass im damaligen Zentrum des West Coast Jazz, Psychedelic Rock und Punk hauptsächlich seit den 1960er-Jahren musikalisch Weichen gestellt wurden. Namen wie The Grateful Dead, Jefferson Airplane, Creedence Clearwater Revival, Santana und Janis Joplin prägten in der Flower Power-Ära den San Francisco Sound, in dessen Rhythmen sich nicht nur Amerika wiegte.

Heute sind in der wie eh und je dynamischen Musikszene der Stadt so gut wie alle Stilrichtungen zu finden. Aber Veränderungen sind unübersehbar. Der Technologieboom im nahen Silicon Valley hat die Lebenshaltungskosten explodieren und den Wohnungsmarkt schrumpfen lassen. Konsequenz: Viele Musiker wanderten in preisgünstigere Städte um die Bucht ab, manche alteingesessenen Spielorte schlossen ihre Tore, andere Theater und Clubs modernisierten oder öffneten neu – ein deutliches Zeichen, wie anpassungsfähig und innovativ die Szene ist. Gleichgültig ob Mainstream, große Theater oder unscheinbare Clubs: In San Francisco vergeht kein Abend, an dem nicht irgendwo ein Konzert stattfindet, eine Band oder ein Interpret auf der Bühne steht. Wer den richtigen Reisezeitpunkt wählt hat sogar gute Chancen, an einem der häufigen Musikfestivals teilhaben zu können.

ZUM SELBST ENTDECKEN

Das Nachtleben in der Stadt trägt zwei Merkmale: Es ist in Größe und Facettenreichtum kaum zu überblicken und es ändert sich permanent. Ein populärer Hotspot zum Bummeln ist der Stadtteil **North Beach** mit vielen Restaurants und Bars, während sich der **Broadway** eher auf Strip Clubs und Oben-Ohne-Etablissements spezialisiert hat. Auch der **Marina District** und das **Mission-Viertel** eignen sich für Nachtschwärmertouren, Bar-Hopping-Abenteuer und Cocktail-Expeditionen.

In San Francisco liegt Musik in der Luft.

BARS UND KNEIPEN

Politisch korrekt
21st Amendment Brewery
☼ Karte 2, L 4
Wie humorvoll und erfinderisch Amerikaner gelegentlich bei der Namensgebung sind, beweist dieser Brauerei-Pub. Er wurde nach dem 21. Zusatzartikel zur US-Verfassung benannt, mit dem 1933 die Prohibition im Land abgeschafft wurde. Völlig legal genießen heute die Gäste die zahlreichen hauseigenen und fremden Biersorten. Beim selbst gebrauten Mighty Quinn sollte man seinen Appetit zügeln. Es hat deftige 10,1 % Alkohol.
563 Second St., SoMa, T 1-415-369-0900, http://21st-amendment.com, Mo–Sa 11.30–24, So 10–24 Uhr

Tolles Ambiente
Rickhouse ☼ Karte 2, K 3
Mit etwas Fantasie könnte man meinen, in einem riesigen Fass zwischen hohen Regalen zu sitzen, aus denen der Barkeeper Flaschen nur mit Hilfe einer Leiter holen kann. Die Cocktailbar hat sich zwar auf Whiskey spezialisiert, aber es gibt jede Menge andere Drinks. An manchen Abenden sorgt eine Bluegrass-Band für das akustische Beiprogramm.
246 Kearny St., T 1-415-398-2827, rickhouse bar.com, Sa 18–2, Mo 17–2, Di–Fr 15–2 Uhr

Ein Drink in der Vergangenheit
Shotwell's ☼ J 7
Eine per Schiff vom Bundesstaat Maine nach San Francisco transportierte hölzerne Bar und ein paar Schusslöcher zeugen von der langen Geschichte dieser weit über 100 Jahre alten einfachen Eckkneipe, die Ende des 19. Jh. noch ein Lebensmittelladen mit angeschlossenem Saloon war. 1906 wurde diese gemischte Nutzung von der Stadtverwaltung verboten, um Kinder von alkoholschwangeren Etablissements fernzuhalten. Bier gibt es frisch gezapft oder aus der Flasche.
3349 20th St., T 1-415-648-4104, www. shotwellsbar.com, Mo–Sa 16.30–2, So 16–1 Uhr, Happy Hour tgl. 16.30–19 Uhr

Eine Nacht im Piratennest
Smuggler's Cove ☼ Karte 2, J 4
Wenn Sie schon immer einmal einen Abend in einer Filmkulisse wie »Fluch der Karibik« oder »Meuterei auf der Bounty« verbringen wollten, sind Sie hier richtig. Rumfässer, eine Galionsfigur mit blonder Mähne, Anker, Fischernetze, bunte Bojen und grobes Gebälk schaffen ein Ambiente wie im dreistöckigen Bauch eines alten Piratenseglers. Fehlt nur noch, dass Johnny Depp an einem Schiffstau durch die Kneipe schwingt. Die 70 unterschiedlichen karibischen Drinks, meist auf Rumbasis, haben es in sich.
650 Gough St., T 1-415-869-1900, smugglers covesf.com, tgl. 17–1 Uhr

Zünftiger Fluchtpunkt
Zeitgeist ☼ Karte 2, J 6
Biker, Hippies, Punker, Banker, Multitalente, Aussteiger – ein stark gemischtes Publikum! Die Kneipe badet in rustikalem Charme und weigert sich standhaft, die üblichen Verdächtigen unter den amerikanischen Biersorten auszuschenken. Stattdessen kommt u. a. deutscher Gerstensaft von Radeberger bis Franziskaner auf den Tresen. Eine Zugnummer ist in der warmen Jahreszeit der Biergarten unter freiem Himmel, in dem man an erlebnisträchtigen Holztischen über den Sinn des Lebens philosophieren kann.
199 Valencia St., Mission District, T 1-415-255-7505, zeitgeistsf.com, tgl. 9–2 Uhr

LIVEMUSIK

Super Musikszene
Fillmore Auditorium ☼ H 4
Die Liste der Stars, die in diesem Theater auf der Bühne standen, liest sich wie ein Who is Who der Rock-, Jazz- und Jazzrockszene – von Chuck Berry, Neil Young, Miles Davis, Muddy Waters und Elton John bis Aretha Franklin, Jimi Hendrix, Procol Harum und Santana, um nur einige zu nennen. Regelmäßig finden in dem populären Auditorium

Wenn die Nacht beginnt

Konzerte statt. Sehenswert sind in den Gängen die vielen Poster von Bands und Interpreten, die im Fillmore auftraten und heute die Wände dekorieren.
1805 Geary St., T 1-415-346-3000, thefillmore. com. Im hauseigenen Restaurant gibt es jeden Fr und Sa ab 20.30 und jeden So ab 11 Uhr Live-Musik mit unterschiedlichen Bands.

Fast ein Geheimtipp
Amnesia ✿ J 7
Dunkle Spelunke mit kleiner Bühne, auf der das musikalische Programm fast täglich wechselt: Mo Bluegrass und Country, Di Karaoke, Mi Jazz, Do und So Indie-Rock, Fr und Sa DJ mit New Wave über Funk bis House bei offener Tanz-fläche. Wenn bekanntere Bands oder Interpreten auftreten, wird manchmal eine Cover Charge erhoben. Beliebte flüssige Unterhaltung sind belgische Biersorten, zum Teil frisch vom Fass. Wer auf Unbekanntes steht, bestellt sich einen Cocktail auf koreanischer Soju-Basis.
853 Valencia St., Mission District, T 1-415-970-0012, www.amnesiathebar.com, tgl. 16–2 Uhr

Rock und Pop in alter Pracht
Great American Music Hall
✿ Karte 2, J 4
Populärer Nachtclub in einem historischen Theater von 1907 mit prachtvoll dekorierten Decken, Säulen und Balkonen. In die Annalen haben sich u. a. Duke Ellington, The Grateful Dead, Count Basie, Van Morrison und Patti Smith eingetragen. Das wunder-schöne Haus ist mit zwei Bars und einer Tanzfläche ausgestattet. Heute stehen Top-Musiker fast aller Stilrichtungen auf der Bühne dieser Bastion der lokalen Rock-Szene. Erfolgreichere lokale Bands treten genauso auf wie internationale Gruppen.
859 O'Farrell St., Tenderloin, T 1-415-885-0750, www.slimspresents.com. Auf der Internetseite www.slimspresents.com/events/month/ finden Interessenten einen Kalender über geplante Konzerte.

Sprungbrett für Talente
Bottom of the Hill ✿ L 6
Die Chance, in diesem eher intimen Club eine Band zu hören, die in einigen Jahren in den Charts auftaucht, ist nicht schlecht. Das macht den Reiz und die Popularität der Bühne quasi als ›Kaderschmiede‹ aus. Wem es unter den Zuhörern zu eng wird, kann sich mit seinem Bier auf die Terrasse verdrücken, wo die Musik auch noch zu hören ist. Auf eine bestimmte Musikrichtung festgelegt ist der Club nicht.
1233 17th St, T 1-415-626-4455, www.bottomofthehill.com, tgl. 20.30–2 Uhr, Konzerte finden fast täglich statt (10–12 $)

OPEN-AIR-EVENTS

Seit über 60 Jahren wird in North Beach auf zwei Bühnen das **North Beach Festival** zusammen mit der größten Straßenmesse der Stadt gefeiert (Mitte Juni, www.sftourism tips.com/north-beach-festival.html). Wenig später pilgern regelmäßig über 100 000 Fans zum **Fillmore Jazz Festival**, einem der größten kosten-losen Jazz-Festivals der US-Westküste (Anfang Juli, www.fillmorejazzfestival. com). Das kostenlose dreitägige **Hardly Strictly Bluegrass Festival** im Golden Gate Park zählt zu den größten Veranstaltungen dieser Art in der Bay Area (Anfang Okt., www. hardlystrictlybluegrass.com).
Beim **Outside Lands** verwandelt sich der Golden Gate Park mit meist fünf Bühnen und zahlreichen Imbissstän-den in eine gewaltige Partyzone, in der Top-Künstler aus Rock und anderen Musikrichtungen den Ton an-geben (Anfang Aug., www.sfoutside lands.com).
Auf der Internetseite www.sanfran cisco.travel sind alle großen Festivals und Veranstaltungen gelistet.

Beim Outside Lands Music Festival schlägt man im Golden Gate Park über die Stränge.

STADTTYPISCHE SPEZIALITÄTEN

Prominente Spuren
Boom Boom Room ☼ H 4
Im Oktober 1997 eröffnete mit diesem Blues Club eine Einrichtung, die nach einem Song von John Lee Hooker (1917–2001) Boom Boom Room genannt wurde. Der legendäre Bluesmusiker griff dort nicht selbst in die Gitarrensaiten, sondern war nur Mitbesitzer und hielt eine Zeit lang regelmäßig in einer rot gepolsterten, für ihn und seine Entourage reservierten Sitzecke Hof, die bis heute existiert. Nach wie vor hören die Gäste dort Blues, Rhythm & Blues und Soul bis in die Morgenstunden.
1601 Fillmore St., Lower Pacific Heights, www.boomboomroom.com, Di–Fr 16–2, Sa/So 13–2 Uhr

Bühne für lokale Größen
Cafe du Nord ☼ H 6
Interessante Musik weniger bekannter Künstler und lokaler Favoriten gibt es häufig in kleineren Clubs, Kneipen und Cafés. Wie dem Cafe du Nord, wo seit Jahren Folk, Jazz, Rock, oder experimen-telle Richtungen zum Teil auf hohem Niveau geboten werden. An die Bar schließt sich mit dem Viking Room ein Restaurant an, in dem man sich für eine lange Nacht präparieren kann.
2174 Market St., T 1- 415-471-2969, www.cafedunord.com, tgl. 17–2 Uhr

Quer Beet
Brick & Mortar ☼ Karte 2, J 6
Obwohl er über nur relativ kleine Räumlichkeiten verfügt, ist der Club bei Kennern wegen seines gemischten Programms beliebt, das von Bands im New Orleans-Stil über Independent Rock bis zu Street Rappern reicht. Häufig treten unbekannte Gruppen und Interpreten auf, die das Publikum musikalisch auf weniger ausgetretene Pfade führen.
1710 Mission St., Mission District, T 1-415-800-8782, http://brickandmortarmusic.com, tgl. ab 19 Uhr. Bei Konzerten wird eine Cover Charge zwischen 7 und 20 $ erhoben.

Ästhetisch zweckentfremdet
Chapel ☼ J 7
Die Vergangenheit als Leichenhalle sieht man dem ästhetisch renovierten Musikclub heute nicht mehr an. Ein mo-

107

Auch nach fast 100 Jahren noch ein dynamischer Renner: das Castro Theatre

dernes Light-and-Sound-System bringt die Performances auf der Bühne bestens zur Geltung, sodass sich das Haus seit seiner Eröffnung zu einem beliebten Ziel für Musikliebhaber aller Stilrichtungen entwickelt hat. Vor oder nach den Konzerten kann man sich ins Restaurant, an die Bar oder auf den Patio setzen.
777 Valencia St., Mission District, T 1-415-551-5157, www.thechapelsf.com. Für die meisten Konzerte wird Eintritt in wechselnder Höhe verlangt. Die Happy Hour (Di–Fr 17–19 Uhr) heißt hier ›Sünderstunde‹.

Lokal für Bluesliebhaber
Biscuits & Blues ✪ Karte 2, K 4
Aus dem Untergeschoss ertönen meist Blues oder Jazz, wenn Bands auf der Bühne stehen. Das Lokal mit Fotos des Bluessängers und -gitarristen Blind Lemon Jefferson und der Legende Muddy Waters an den Wänden strahlt keine Kneipen-, sondern eher Lounge-Atmosphäre aus, mit Tischen in Candlelight. Von allen Plätzen haben Gäste die Bühne gut im Blick.
401 Mason St., Lower Nob Hill, T 1-415-292-2583, www.biscuitsandblues.com, Di–So 17.30–11 Uhr, Fr und Sa nur Dinner-Shows

TANZEN

Lange Nächte
Bruno's ✪ J 7
Der aus vier Räumen auf zwei Stockwerken bestehende Nachtclub ist vom Ambiente her zwar nicht der letzte Schrei. Aber musikalisch bietet er sämtliche Genres von Hip-Hop, Soul, Funk und Rock bis Latin, Reggae und Rhythm & Blues. Die DJs sollen ebenso wie die Bartender zu den Besten der ganzen Bay Area gehören. Und das Publikum? Eher trendige, gut verdienende jüngere Leute.
2389 Mission St., Mission District, T 1-415-648-7701, www.brunossf.com, Fr/Sa 21–2 Uhr

Super Sound
Space 550 ✪ südl. K 8
Ein Top-Soundsystem stattet den weitläufigen Club mit magischer Anziehungskraft für trendy gekleidete Besucher aus. Drei Flächen auf zwei Stockwerken bieten Tanzfreudigen viel Platz, um sich zu unterschiedlichen Musikrichtungen zu bewegen. Eher Zartbesaiteten sei empfohlen, Ohrenstöpsel mitzubringen, falls die Beschallung hin und wieder zu intensiv wird.

KINOS IN SAN FRANCISCO

Castro Theatre ☼ H 6/7
Hinter der historischen Fassade von 1922 verbirgt sich ein grandioses Auditorium in einem Stilgemisch aus spanischen, orientalischen und italienischen Einflüssen. Zu beiden Seiten dekorieren Murals die Wände. Zwei Treppen führen in das obere Stockwerk und zu einem Balkon. Über die Leinwand flimmern meist ältere Klassiker.
www.castrotheatre.com

Embarcadero Center Cinema ☼ Karte 2, L 3
In den recht kleinen Zuschauersälen werden u. a. unabhängige und ausländische Filme gezeigt. Eintrittskarten besorgt man am Ticketautomaten und kann dort auch gleich seinen Platz reservieren.
landmarktheatres.com

Roxie Theater ☼ J 6
Das historische Theater ist als ältestes, ständig betriebenes Lichtspielhaus der USA eine Rarität. In einem 234 Plätze fassenden großen und einem 49 Plätze fassenden kleinen Saal, beide von einer gemeinnützigen Organisation betrieben, werden alte und neue Klassiker, aber auch Dokumentarfilme gezeigt.
www.roxie.com

Sundance Kabuki ☼ H 4
Auf acht Leinwänden, davon zwei 3-D-fähig, sieht man größtenteils Blockbuster, Dokumentarfilme und ausländische Produktionen. Für Drinks und Verpflegung ist gesorgt. Das Kino verzichtet bewusst auf Werbeclips vor den Filmen und unterstützt lokale Künstler.
www.sundancecinemas.com

550 Barneveld Ave., südlich vom Mission District, T 1-415-550-8286, www.space550.com, Fr/Sa 22–3 Uhr, Cover Charge 10–20 $

Cooler Hipstertreff
Ruby Skye ☼ Karte 2, K 4
Der Zeitenwechsel ist unübersehbar. Ende des 19. Jh. noch ein opulent ausgestattetes viktorianisches Theater, wurde das historische Juwel in jüngerer Vergangenheit in einen hippen Club für fetzige Tanzpartys verwandelt. Außer professionellen DJs sorgen bei bestimmten Anlässen auch mehr oder weniger bekannte Live Bands für Rhythmus und Stimmung. Mehrere Bier- und Cocktailbars stehen für Tanzpausen zur Verfügung.
420 Mason St., T 1-415-693-0777, www.rubyskye.com, Do–Sa 20–3.30 Uhr, Cover Charge je nach Programm bis 25 $, ohne Programm Eintritt frei

Heiße Abende
The Make-Out Room ☼ J 7
Das Erfolgsrezept des Clubs steht auf drei Säulen: lautstarke Musik, deftige Cocktails und viel Platz zum Tanzen und Herumhängen. Auf aufgebrezeltes Publikum wird weniger Wert gelegt. Viele Gäste wärmen sich bereits bei der Happy Hour vor, bevor es auf die Tanzfläche geht. Apropos vorwärmen! Mit jeder Stunde steigt die Temperatur, und das nicht nur stimmungsmäßig.
3225 22nd St., Mission District, T 1-415-6472888, www.makeoutroom.com, tgl. 18–2 Uhr, Mo–Do 18–20 Uhr Happy Hour mit stark reduzierten Bierpreisen

Elegante Partyzone
Infusion Lounge ☼ Karte 2, K 4
Die Lage des Fünf-Sterne-Clubs in Union Square-Nähe könnte zentraler nicht sein. Kein Wunder, dass dort auch Stars und Möchte-Gern-Sternchen aus der Musikszene, Film, Fernsehen, Sport und Mode die Nacht zum Tag machen. Riesige Drachen, dickbauchige Buddhas und coole Lichtsysteme machen das asiatisch inspirierte Interieur zu einer attraktiven Glitzerwelt. In normaler Straßenkleidung kommt niemand an den Türstehern vorbei.
124 Ellis St., T 1-415-421-8700, sf.infusionlounge.com, Di–Sa 22–2 Uhr, Cover Charge 20 $

Hin & weg

Der Airport San Francisco International (SFO) liegt 13,4 Meilen von Downtown entfernt weiter südlich auf der Halbinsel und ist über den Hwy 101 bzw. die Interstate 380 und 280 mit der Stadt verbunden.

ANKUNFT

Wer am Flughafen keinen Leihwagen nimmt und stattdessen mit öffentlichen Verkehrsmitteln in die Stadt fahren möchte hat mehrere Möglichkeiten.

BART
Praktisch ist das U-Bahn/S-Bahn-System **BART** (Bay Area Rapid Transit; 4–0.30 Uhr alle 30 Min.). Sowohl mit der roten wie mit der blauen Linie des kostenlosen automatisierten AirTrain, der alle Flughafenterminals miteinander verbindet, erreicht man die BART-Haltestelle, von der man in 35 Min. bequem bis zum Embarcadero (oder weiter an die East Bay) fahren kann. Fahrscheine bekommt man an Ticketautomaten (einfache Fahrt 8,95 $, Bargeld oder Kreditkarte).

Busse
Auch mit städtischen **MUNI-Bussen** kommt man in die Stadt. Wer auf diese Art auch sonst in der Stadt unterwegs sein will, kauft sich am besten an einem der Informationskiosks im Flughafen einen **MUNI Passport** für 1 Tag (15 $), 3 Tage (23 $) oder 7 Tage (29 $), der für alle Busverbindungen, Cable Cars und Straßenbahnen (nicht für BART!) gültig ist.
Für **Shuttle-Busse** bezahlt man je nach Lage des Stadthotels ab ca. 17 $. Es gibt zahlreiche Anbieter:
Airport Express: T 1-415-775-5121, www.airportexpresssf.com
American Airporter Shuttle: T 1-415-202-0733, www.americanairporter.com
SuperShuttle: T 1-800-258-3826, www.supershuttle.com

Taxis
Taxis zum Union Square kosten etwa 42 bis 52 $. Zum jeweiligen Fahrpreis kommt ein quasi obligatorisches Trinkgeld in Höhe von ca. 15 % hinzu.

Leihwagen
Am Airport sind sämtliche größeren Mietwagenfirmen vertreten. Am besten reserviert man ein Auto bereits zu Hause mit allen notwendigen Versicherungen. Bei der Übernahme sind Kreditkarte und Führerschein obligatorisch. Wer in San Francisco kein Auto benötigt, spart Geld, wenn das Fahrzeug für eine Kalifornientour erst nach dem Stadtaufenthalt angemietet wird. Das zentrale Rental Car Center am Airport erreicht man einfach und kostenlos mit der blauen Linie des AirTrain. Vom Zentrum gelangt man auf die Richtung Stadt führende I-380.
Parken: San Francisco ist für seine steilen Straßen berühmt-berüchtigt – und für seine knappen Parkplätze und teuren Parkgaragen. Wer auf der Straße parkt, tut gut daran, die Parkzeiten peinlich genau einzuhalten, weil streng kontrolliert wird. Stellt man das Auto an einer der Steigungen ab, muss man unbedingt die vorgeschriebene ›Etikette‹ beherzigen: Gang einlegen, Handbremse anziehen und das Lenkrad zum Bordstein hin einschlagen, um ein Wegrollen des Fahrzeugs zu verhindern. Wer das Prozedere nicht einhält, muss mit einem Strafzettel rechnen. In rot markierten Zonen ist das Parken grundsätzlich verboten.

Ankunft mit der Bahn
Wer mit einem **Amtrak-Fernzug** nach San Francisco reist, kommt nicht direkt in der Stadt an, sondern an der östlichen Bucht nördlich von Oakland in Emeryville. Von dort werden Passagiere per Thruway-Bus über die Oakland Bay Bridge zum Ferry Building bzw. zur Caltrain-Station in Downtown San Francisco transportiert. Ende 2017 soll das neue Transbay Transit Center fertiggestellt sein, in dem dann die Amtrakbusse

und nach Fertigstellung der kalifornischen Hochgeschwindigkeitsstrecke auch die High Speed-Züge ankommen. Überragt werden soll das Zentrum vom 326 m hohen Salesforce Tower, der dann das höchste Gebäude der Stadt sein wird (200 Folsom St., SoMa).

INFORMATIONEN

San Francisco Visitor Information Center: 900 Market St., untere Ebene der Hallidie Plaza, T 1-415-391-2000, www.sanfrancisco.travel, Mo–Fr 9–17, Sa 9–15 Uhr, So geschl. Die neueste Version des San Francisco Visitors Guide kann man sich unter folgender Adresse aus dem Internet downloaden: http://edition.pagesuite-professional.co.uk/launch.aspx?pbid=fa4b8a87-ffa4-4baa-a13f-944f0f4db553
Macy's San Francisco Visitor Information Center: 170 O'Farrell St., Untergeschoss im Kaufhaus Macy's, www.VisitMacysSanFrancisco.com, Mo–Fr 10–21, So 11–20 Uhr
Websites über San Francisco: www.sanfrancisco.travel; http://sfgov.org/visitors; www.visitsfbayarea.com; www.visitcalifornia.com/region/discover-san-francisco-bay-area; www.sanfrancisco.com; www.city-tourist.de/San-Francisco.htm

TOURIST CARDS

CityPass San Francisco: 7 Tage Cable Car, Muni Bus Passport, Blue & Gold Fleet Bay Cruise Adventure, California Academy of Sciences, Aquarium of the Bay oder Monterey Bay Aquarium, Exploratorium oder de Young Museum, Erw. 94 $, Kinder 5–11 J. 69 $ (www.citypass.com/SanFrancisco).

Go San Francisco Card: Preisreduzierte Attraktionen, Museen, Touren und Fahrten mit Pässen für 1 Tag (Erw. 60, Kinder 3–12 J. 45 $) bis 7 Tage (Erw. 160 $, Kinder 3–12 J. 115 $) (www.smartdestinations.com)

REISEN MIT HANDICAP

Auf Menschen mit Behinderungen sind Hotels und Sehenswürdigkeiten gut eingestellt, s. www.disabled-world.com/travel/usa

SICHERHEIT UND NOTFÄLLE

Deutsches Generalkonsulat: T 1-415-775-1061, www.germany.info/Vertretung/usa/en/03__Consulates/San__Francisco/00/__Home.html
Österreichisches Honorarkonsulat: T 1-415-765-9576, www.austrianconsulatesf.org
Schweizerisches Generalkonsulat: T 1-415-788-2272, www.eda.admin.ch/sf
Polizei, Feuerwehr, Ambulanz: 911 (von öffentlichen Telefonen kostenlos)
Saint Francis Memorial Hospital: 900 Hyde St., T 866-240-2087 oder 1-415-353-6000, www.saintfrancismemorial.org, Erste Hilfe 24 Std.
Kreditkartensperre: Für Bank- und Kreditkarten aus Deutschland: T 01149-116-116 oder 01149-304050-4050 (gebührenpflichtig); Österreich: T 01143-1-204 8800; Schweiz: Bank-Karten T 001141-44271-2230, Mastercard 01141-636-722-7111, Visa 01141-410-581-9994.
Pannenhilfe: Bei Problemen mit dem Mietwagen kontaktiert man in erster Linie die Vermieterfirma. Notruf für ADAC-Mitglieder: T 1-407-444-7000

Diebstahl: Vor Taschendieben sollte man sich hauptsächlich in den touristisch stark frequentierten Gegenden wie Fisherman's Wharf, Chinatown und Union Square, aber auch in öffentlichen Transportmitteln in Acht nehmen. Passen Sie speziell auf Smartphones auf und leihen Sie nie ein solches Gerät an einen Unbekannten aus.
Unsichere Gegenden: Ein vor allem nachts eher unsicheres Gebiet in der Innenstadt ist Tenderloin zwischen Union Square und City Hall, wo manche

Straßenzüge einen ziemlich maroden Eindruck machen. Ähnliches gilt für die Market Street zwischen Fifth und 10th Street, wo viele bettelnde, aber selten aggressive Wohnsitzlose unterwegs sind. Nachts trägt die dort kümmerliche Straßenbeleuchtung auch nicht dazu bei, dass man sich sicher fühlt. So einladend sich der Golden Gate Park bei Tageslicht präsentiert: Nachts sollte man die grüne Oase meiden, weil es kaum beleuchtete Wege gibt. Auch im Mission District, speziell in den nördlichen Abschnitten des Stadtteils, lässt man hauptsächlich nach Sonnenuntergang in Straßen mit geschlossenen Geschäften besser Vorsicht walten. Außer in den Gegenden, wo sich Kneipen und Nachtclubs befinden, ist dort ohnehin niemand zu Fuß unterwegs.

UMWELTFREUNDLICH UNTERWEGS

Busse, Straßenbahnen, Cable Cars und das U- bzw. S-Bahnsystem BART (Streckenplan ▶ S. 46) bedienen das ganze Stadtgebiet, wobei sich das BART-Streckennetz vom Internationalen Flughafen im Süden bis in die nördliche Bay Area nach Oakland, Richmond und Concord erstreckt.
Eine lohnende Investition ist der MUNI Passport (▶ S. 110), mit dem man rund um die Uhr alle städtischen Busse, Cable Cars und Straßenbahnen benutzen kann (Verkauf: San Francisco Municipal Transit Kiosk, Market & Powell St. oder Hyde & Beach St.). Einzelfahrscheine für Cable Cars kosten 7 $ und sind beim Schaffner oder vorab an Verkaufsstellen u. a. an den Endhaltestellen erhältlich. Größere Scheine als 20 $ können die Schaffner nicht wechseln. Bus- und Straßenbahntickets, die man für 2,25 $ ›an Bord‹ kauft (nur passender Betrag), sind 90 Min. gültig, egal wie weit man fährt, auch für Umsteiger. Nicht im MUNI Passport enthalten, sind die Tickets für die BART-Züge. Ticketautomaten, die Münzen und Scheine akzeptieren, gibt es an allen Haltestellen. Der Fahrpreis wird nach Wahl des Fahrtziels automatisch angezeigt. Steckt man den Fahrschein an der Eingangsschranke in den vorgesehenen Schlitz, öffnet sich diese.

Radverleihstationen
Bike and Roll: 353 Jefferson St., Fisherman's Wharf, T 1-415-229-2000, www.bikethegoldengate.com, Tagesgebühr ab 32 $, bei vier aufeinander folgenden Tagen 15 $/Tag, geführte Touren ab 55 $.
Blazing Saddles: Pier 41, Fisherman's Wharf, T 1-415-202-8888, www.blazing saddles.com/san-francisco, Tagesgebühr ab 32 $, geführte Touren ab 32 $.
Street of San Francisco Bike Tours: 370 Linden St., T 1-415-448-7673, https://sosfbiketours.com, 5-stündige Classic-Tour inkl. Rad 89 $/Pers.

SCHIFFSTOUREN

San Francisco, auf drei Seiten von Wasser umgeben, bietet beste Möglichkeiten, die Umgebung der Stadt per Schiff zu erkunden, ob auf Tagesfahrten, Dinnerausflügen oder Sunset-Cruises.
San Francisco Bay Cruise Adventure: Pier 39, Fisherman's Wharf, T 1-866-431-1634, www.sanfrancisco.com/attractions/cruise-tours.html, einstündige Fahrten in die Bucht zur Golden Gate Bridge, tgl., 30 $.
Blue and Gold Fleet: Pier 41, Fisherman's Wharf, T 1-415-705-8203, www.blueandgoldfleet.com, tgl. mehrere Fahrten mit unterschiedlichen Schiffstypen zu unterschiedlichen Zielen.
Red and White Fleet: Pier 43½, Fisherman's Wharf, T 1-415-673-2900, www.redandwhite.com, tgl. bis zu 17 Exkursionen in die San Francisco Bay, ab 30 $.
San Francisco Whale Tours: Pier 39, Dock B, T 1-415-706-7364, www.san franciscowhaletours.com, fünfstündige Fahrten in das vor der Küste liegende Farallon Islands Marine Sanctuary, wo Wale das ganze Jahr hindurch auftauchen. Bekommt man ausnahmsweise keine Wale zu sehen, ist eine zweite Fahrt kostenlos.

STADTFÜHRUNGEN

San Francisco City Guides: 100 Larkin St., c/o SF Public Library, T 1-415-557-4266, www.sfcityguides.org, kostenlose Stadtführungen (Spenden erwünscht) mit unterschiedlichen Themenschwerpunkten wie Goldrauschgeschichte, Erdbeben, Alfred Hitchcock, Architektur, Wandgemälde oder Stadtteile, manche ganzjährig, andere nur zwischen Mai und Okt.

Wild SF Walking Tours: 479 14th St., T 1-415-580-1849, http://wildsftours. com, 4,5-stündige Fußtour durch Downtown und Chinatown, 30 $. Weitere Touren durch Castro und Mission District, Height-Ashbury oder zum Thema Murder & Mystery.

Real SF Tours: 50 Drumm St., T 1-888-9-SFTOUR, http://therealsftour. com, vier unterschiedliche Stadtbesichtigungen ab 25 $, tgl. 9.30–16.30 Uhr.

Discover Walks: 2454 Chestnut St, 1-415-494-9255, www.discoverwalks. com/city/san-francisco-walking-tours, u. a. 90-minütige Walking Tours durch Chinatown 13 $.

Zerve Fun Walking Tours: 500 Sansome St., T 1-415-391-3370, www. zerve.com/d/san-francisco. Die zweistündige Fußtour »Flashback: From the Summer of Love to the Winter of Discontent« führt durch den Stadtteil Height-Ashbury und die Geschichte der Hippie-Bewegung der 1960er-Jahre, Sa/So 11 Uhr, 30 $. Eine dreistündige Besichtigungstour zu zahlreichen Filmdrehorten kostet 49 $.

Dashiell Hammett Tour: Der Buchautor Don Herron führt in Trenchcoat und Schlapphut Besucher zu den Schauplätzen der Krimis des Schriftstellers Dashiell Hammett. Touranmeldung mindestens einen Monat im Voraus unter dashdude@donherron.com, www. donherron.com/the-tour, Termine auf der Website checken, 20 $.

STADTRUNDFAHRTEN

City Sightseeing San Francisco: 1331 Columbus Ave., T 1-415-440-8687, www.city-sightseeing.us, Rundfahrten durch die Stadt und in die nähere Umgebung mit Vans, Minibussen und Doppeldeckerbussen ohne Dach, ab 31 $.

Gray Line of San Francisco: 2627 Taylor St., T 1-415-353-5310, http://graylineofsanfrancisco.com, 3,5-stündige Stadttouren 60 $ und Ausflüge in die Umgebung.

City Segway Tours: 333 Jefferson St., T 1-415-409-0672, http://sanfrancisco.citysegwaytours.com. In drei Stunden auf zwei Rädern durch die Stadt, ab 70 $.

Mit seinen 44 Hügeln ist San Francisco für Pedaltreter eine Herausforderung.

The City

So nennen die Einwohner ihre
Heimatstadt.

locavore

Ein Mensch, der nur lokal produzierte
Nahrungsmittel isst.

SHAKERS

verniedlichende Bezeichnung für
die gefürchteten Erdbeben

cuts

unsichere
Stadtgegenden

we'll swoop you in five

wir holen dich um 5 ab

bucket

alte Schrottmühle auf Rädern

TRYNA EAT

Möchtest du etwas
essen?

CABBAGE

Straßen-Slang für Geld, Zaster, Kohle

Fog City

Scherzname für das häufig im
Nebel liegende San Francisco

to take it to the grave

ein Geheimnis für sich
behalten

single drip

Kaffee-Hype: Für jede Tasse werden die Bohnen eigens gemahlen
und aufgegossen.

Register

Register

Das Klima im Blick

Reisen bereichert und verbindet Menschen und Kulturen. Wer reist, erzeugt auch CO_2. Der Flugverkehr trägt mit bis zu 10 % zur globalen Erwärmung bei. Wer das Klima schützen will, sollte sich – wenn möglich – für eine schonendere Reiseform entscheiden oder die Projekte von atmosfair unterstützen. Flugpassagiere spenden einen kilometerabhängigen Beitrag für die von ihnen verursachten Emissionen und finanzieren damit Projekte in Entwicklungsländern, die dort den Ausstoß von Klimagasen verringern helfen (www.atmosfair.de). Auch die Mitarbeiter des DuMont Reiseverlags fliegen mit atmosfair!

Abbildungsnachweis

Catch the Day, Freiburg: S. 5 u., 33, 35, 37, 49, 85 (Braunger)

Fotolia, New York (USA): S. 120/8 (Fyle); 72 (Urmann)

Getty Images, München: S. 16/17 (AWL/ Markovina); 81 (Bellah); 24 (Coers); Titel (Cultura Exclusive/van der Kruijssen); 82 (Gerharter); 32 (Price); 83 (Silver Screen Collection); 62 (Winz/LPI)

Glow Images, München: S. 31 (imagebroker); 38 (ScienceFaction)

iStockphoto, Calgary (Kanada): S. 43 (bbuong); 40 (Bryukhanova); 100 (Creativeye99); 90 (Eddie Hernandez Photography); 103 (f8grapher); 113 (GibsonPictures); 41 (gregobagel); 52/53 (Hafemann); 108 (Henson); 48 (maislam); 59 (Martin); 7 (Meinzahn); 51 (Peyton); 44 (Preve); 61 (Slusarczyk); 8/9 (Spondylolithesis); 120/9 (traveler1116); 70 (Yong); 28 (Zanchi); 36 (Zhang)

laif, Köln: S. 120/4 (contrasto); 84 (Cummins/harding); 68, 104 (Grandadam/Hoa-Qui); 88 (Le Figaro Magazine); Umschlagklappe hinten, 120/3 (Polaris); 94 (The New York Times/Redux); 93 (Yip/Polaris)

Look, München: S. 20 (age fotostock); 64 (Cannon)

Mauritius Images, Mittenwald: S. 120/2 (age/Bibikow); 14/15 (age/Jannsen); 25 (Alamy/1Apix); 54 (Alamy/Bachmann); 78/79, 98 (Bibikow); 66 (Alamy/Bond); 12/13 (Alamy/Dagan); 23 o., 46 (Alamy/Duchaine); 86 (Alamy/Grant); 60 (Alamy/Hamblin); 23 u. (Alamy/Kradel); 120/7 (Alamy/MARKA); 75 (Alamy/Naharas); 97 (Alamy/National Geographic Creative); 4 (Alamy/Naturfoto-Online); 107 (Alamy/oodle); 5 o. (Alamy/Rainey); 80 (Alamy/UrbanTexture); 47 (imagebroker/Kohls)

picture-alliance, Frankfurt a. M.: S. 56 (Food and Drink Photos); 120/5 (Presse-Bild-Poss)

San Francisco Travel Association, San Francisco (USA): S. 27 (Chernis)

Wikimedia Commons: S. 120/1; 120/6 (Stephen W. Shaw)

Zeichnungen: S. 2, 11, Umschlagklappe (Konopik)

S. 25: Sol LeWitt, Werk MoMA San Francisco, © VG Bild-Kunst, Bonn 2016

Kartografie

DuMont Reisekartografie, Fürstenfeldbruck
© DuMont Reiseverlag, Ostfildern

Umschlagfotos

Titelbild: Golden Gate Bridge im Nebel
Umschlagklappe hinten: Konzert 1978 im Golden Gate Park

Hinweis: Autor und Verlag haben alle Informationen mit größtmöglicher Sorgfalt geprüft. Gleichwohl sind Fehler nicht vollständig auszuschließen. Alle Angaben erfolgen ohne Gewähr. Bitte schreiben Sie uns! Über Ihre Rückmeldung zum Buch und Verbesserungsvorschläge freuen sich Autor und Verlag:

DuMont Reiseverlag, Postfach 3151, 73751 Ostfildern,
info@dumontreise.de, www.dumontreise.de

1. Auflage 2017
© DuMont Reiseverlag, Ostfildern
Alle Rechte vorbehalten
Autor: Manfred Braunger
Redaktion/Lektorat: Heike Pasucha
Bildredaktion: Stefan L. Scholtz
Grafisches Konzept: Eggers+Diaper, Potsdam
Printed in China

Kennen Sie die?

Kaiser Norton I.
Selbst ernannter Kaiser der Vereinigten Staaten und Schutzherr von Mexiko

Jack Kerouac
Mit 29 Cent postalisch unterbewerteter Schriftsteller und temporärer Einwohner von North Beach.

Yoda
Der weise Jedi-Ritter aus »Star Wars« verstarb viel zu früh – im Alter von 900 Jahren.

Jack London
American-Dream-Karriere vom Austerndieb zum gefeierten Schriftsteller

Levi's
Legendäres Beinkleid, erfunden vom deutschen Einwanderer Levi Strauss in San Francisco.

Charles Crocker
Habgieriges Mitglied der Big Four, der beim Eisenbahnbau zum Multimillionär wurde.

Karl Malden
Hartgesottener Detektiv aus der TV-Kultserie »Die Straßen von San Francisco«

Seelöwe
Unautorisierter Hafenbesetzer am Pier 39

Marilyn Monroe
Die in San Francisco 1954 geschlossene Heirat mit Baseballstar Joe Di Maggio hielt nur 274 Tage.